アメリカ経済の歩み
A History of US Macroeconomy

榊原胖夫
加藤一誠
著

文眞堂

まえがき

　筆者は，今日のアメリカ経済を理解するためには，経済を中心にしたアメリカ史や制度の知識が必要であると考えています。日本のメディアがアメリカの政治や経済を日本のそれらと同じ基準で評価しているのをみると，滑稽さを感じることさえあります。つまり，日常のニュースでさえ，アメリカ史をはじめとしてアメリカへの理解が深まれば，納得できることも多くなります。

　もちろん，アメリカ経済も日本経済と同様，マクロ経済学の枠組みで分析することができます。けれども，アメリカ固有の制度や枠組みに加えて，「イズム」ともいうべき独特の発想があることを忘れてはなりません。たとえば，2010年の連邦議会の中間選挙で上下院の多数政党が異なることが確定したとき，下院で共和党が多数を占めたため，大統領の政党と多数党とが異なる「ねじれ」という言葉がしきりに使われました。筆者の見聞した範囲では，マスコミの論調では日本の衆参両院の多数党が異なるのと同列に扱われていたようでした。

　筆者はまったく異なる考えをもっています。今後のオバマ政権は共和党多数の議会と妥協することによって，政策を実現しようとするでしょう。これによって，政策は中道寄りになるため，国民からこれまで以上に支持を得る可能性もあるのです。オバマ政権がリベラルな政策を打ち出していただけに，それを嫌っていた人も多いでしょう。政策を中道寄りに修正すれば，アメリカ国民はそのことを評価すると考えています。つまり，アメリカでは妥協という言葉はプラスの意味で用いられるのです。

　近代経済学の考え方にもとづいて書かれたアメリカ経済の研究書は多数あります。けれども，概説的なテキストはそれほど多くはなく，それらは制度

や歴史の叙述か，特定の箇所や時代を焦点にあてたものが多かったというのが実感です。これらは，アメリカ経済の特殊性を前面に押し出したものといえるでしょう。また，アメリカ経済という名称を使わずに，マクロ経済学のテキストでアメリカのデータを用いて具体的に解説されたり，他領域の一例として扱われることが多いのが実情です。

　本書は大学レベルのアメリカ経済のテキストとして書かれたもので，大学における基礎科目，とくにマクロ経済学の知識がある人には楽に読んでいただけると思います。そして，政策の大枠を説明するために詳細な説明を略したところもありますが，経済学の考え方もできるかぎり平易に解説していますから，初歩的な20世紀アメリカ政治経済史として読んでいただくこともできると思います。

　第1章には，本書を読むにあたって知っておいてほしい基礎知識をまとめました。第2章からは，1920年代以降の経済社会問題や経済政策をとりあげています。なぜ1920年代かといえば，アメリカが今日のアメリカになった区切りがこの時代にあったと考えたからです。いちいち筆者の分担を示していませんが，本書は二人の共同作業によってうまれたものです。ふたりの旧著をベースに補筆し，図表を加えたところもありますが，完全な書下ろしが多く含まれています。

　説明に際してはできるかぎり入手しやすい一般的なデータを用い，直観的に理解してもらえるよう工夫しました。各時代には特徴的なトピックがあり，それらを図表や基本的な経済学の考え方にもとづいて説明しています。経済学の考え方は日本経済の解説にも応用できるようなものであり，類書との違いはこうした工夫を通じてアメリカ経済の普遍性を強調している点でしょう。したがって，これまでのアメリカ経済の教科書を補完しているところも多いと思います。

　アメリカの行政府は詳細なデータをウェブページで公開し，それを一般の人がダウンロードできる仕組みを作り上げています。図表には出所を書いてありますので，関心のある読者は実際にデータに触れてほしいと思います。

筆者にとってアメリカ経済の専門家と名乗ることは非常に心苦しいのです。筆者は交通や地域開発のフィールドとしてアメリカを研究してきており，アメリカ経済の知識には濃淡があるからです。このことは，日本の経済をフィールドとして論文を発表されている研究者が，ご自分の専門を日本経済とすることに躊躇を覚えることと同じではないでしょうか。そのため，たとえば，金融，財政および各産業をはじめとする特定の領域に焦点をしぼってアメリカを見たい場合，本書には物足りなさを感じる方もおられるでしょう。この点についてはご叱責を頂戴できれば幸いです。

　本書が企画されて2年以上の歳月が経過しました。企画段階では同志社大学の篠原総一教授にもご執筆いただく予定でしたが，教授の多忙さゆえ，それは実現しませんでした。ただし，教授の『アメリカの高金利政策』（有斐閣，1981年）は経済学のツールで1980年代の経済政策を分析した著書で，本書では共著を前提に，これを参考にして記述しています。そして，神戸大学経済学研究科の地主敏樹教授との共同研究などを通じて得られた知識も本書には生かされています。

　また，同志社大学のアメリカ研究所部門研究，アメリカ学会の経済・経済史分科会，秋元英一千葉大学（現平成帝京大学）教授や篠原総一教授主催の研究会において受けた刺激が本書執筆の契機になっています。また，枚挙に暇のない交通関係の学会・研究会では，ここにあげることができないほど多くの先生方から学恩を受けています。

　本書の浄書や資料整理については加藤研究室の大畠留美さんや石川妙子さんにお世話になりました。また，文眞堂の前野隆専務は，怠惰な心が芽生えがちな筆者に対して忍耐強くお付き合いくださいました。このようなご配慮がなければ，本書がこれほどはやく世に出ることはありませんでした。ご関係のみなさまに心より謝意を表します。

　　　2010年11月

榊原胖夫・加藤一誠

目　　次

まえがき …………………………………………………………… i

第1章　アメリカを見る視点 …………………………………… 1

 1．アメリカの国土と経済活動 ………………………………… 1
 2．アーバンとルーラル ………………………………………… 6
 3．人口と人種 …………………………………………………… 9
 4．連邦制 ………………………………………………………… 13
 5．価値観 ………………………………………………………… 18
 6．経済の枠組み ………………………………………………… 25

第2章　戦後の好況とアメリカの「ルール」 ………………… 29

 1．第一次大戦後のアメリカ …………………………………… 29
 2．ロウリング・トウェンティーズ …………………………… 32
 3．自動車の普及 ………………………………………………… 35
 4．都市化と郊外化 ……………………………………………… 39
 5．「アメリカン」への自覚 …………………………………… 42
 6．クーリッジとフーバー ……………………………………… 43
 7．経済の新機軸 ………………………………………………… 44
 8．繁栄とその終わり …………………………………………… 47

第3章　大不況とニューディール ……………………………… 49

 1．フーバーとルーズベルト …………………………………… 49
 2．大「不況」とその原因 ……………………………………… 51

3．不況に対する処方箋 ………………………………………… 55
　　4．ニューディール経済政策 …………………………………… 58
　　5．第二次世界大戦へ …………………………………………… 69

第4章　第二次大戦と供給サイドの変化 ……………………………… 70
　　1．経済動員体制 ………………………………………………… 70
　　2．戦時投資の二面性—需給両面に対する効果 …………… 71
　　3．価格統制 ……………………………………………………… 72
　　4．労働と労働生産性 …………………………………………… 73
　　5．戦後における需要の拡大と雇用法 ………………………… 75
　　6．冷たい戦争と超大国の責任 ………………………………… 79
　　7．マーシャル・プラン ………………………………………… 82

第5章　ゆたかな社会の確立へ ………………………………………… 85
　　1．人口増加と経済成長 ………………………………………… 85
　　2．朝鮮戦争と経済 ……………………………………………… 86
　　3．アイゼンハワー政権の安定指向 …………………………… 88
　　4．成長のもたらした変化 ……………………………………… 90
　　5．不均衡の縮小と拡大 ………………………………………… 93
　　6．機会の平等と結果の平等 …………………………………… 96
　　7．「国際流動性のジレンマ」—新しい国際問題 ……………… 98

第6章　「ニューフロンティア」とその後 …………………………… 102
　　1．ケネディとジョンソン ……………………………………… 102
　　2．ネオ・ケインジアンたちの経済学 ………………………… 105
　　3．偉大な社会と貧困戦争 ……………………………………… 108
　　4．ニクソンとウォーターゲート ……………………………… 114
　　5．無視されつづけた国際経済 ………………………………… 118
　　6．相互依存体制の枠組み ……………………………………… 122

第7章　規制「撤廃」とアメリカ経済 ················· 124

 1．70年代の混迷とフォード，カーター ············· 124
 2．規制撤廃 ································· 126
 3．象徴となった航空規制の撤廃 ················· 129
 4．サプライサイド経済学とレーガノミクス ········· 132
 5．レーガノミクスの現実 ······················ 142
 6．パパ・ブッシュ ···························· 148
 7．日米関係の変容 ···························· 149

第8章　繁栄が続いた90年代 ····················· 151

 1．クリントン ································ 151
 2．ニューエコノミー ·························· 153
 3．産業構造の変化と労働生産性 ················· 157
 4．所得格差の拡大 ···························· 164
 5．州権の拡大――道路政策を例にして ············ 167

第9章　21世紀のアメリカ ······················· 174

 1．ブッシュ大統領と9.11テロ ·················· 174
 2．サブプライムローン問題 ···················· 176
 3．金融危機 ································· 182
 4．オバマ大統領 ······························ 184

参考文献 ·· 187
索引 ·· 189

第1章
アメリカを見る視点

1. アメリカの国土と経済活動

1.1 アメリカの地域

　土地の広さや肥沃度や降雨量などは人間に多くの影響を与える。自然環境が人間の生活や価値観まで決定するという極端な環境決定論は科学的とはいえないが，社会的な枠組みに環境が少なからず影響を与えていることは間違いない。たとえば，アメリカは大陸国家であって，アラスカのような寒冷地からフロリダのような亜熱帯地域が広がっており，日本のようにいたるところで米をつくっているようなことはない。そのことがアメリカの社会的な枠組みにどのような影響を与えてきたのであろうか。

　社会的な枠組みのなかには，人間生活のすべての要素が含まれる。政治のあり方，法律のしくみ，社会階層，人びとの思考のパターン，それらはすべてアメリカ人の行動に影響をおよぼす。しかも，それらの多くは歴史的に形成されている。そして，社会的な枠組みのなかには，たえず変わりつつあるものと，短期的にはほとんど変化しないと考えてよいものがある。人びとの価値観などは多くの場合，短期的にはほとんど変化しないと考えてよい。しかし，長期的な問題や国の経済を理解するためには，時間をかけて変化する要因も考慮しなければならない。

　したがって，社会的な枠組みを十分に理解するためには，歴史，地理，文化など広範な知識が必要である。経済政策や社会政策についても同じことがいえる。ひとつの政策が成り立つためには，まず，国内の政治的な状況を知らなければならないし，ある国では有効な政策であっても，国が違い，条件

がかわれば，有効でないことが少なくない。

　そこで本章では，本書でしばしば登場するアメリカの地理，連邦制，経済の枠組みおよびアメリカ人の価値観などについて簡単に論じることとする。

　アメリカの国土面積は936万3,500平方キロで，日本の面積の約24.8倍，フランスの約17倍，イギリスの38倍，ロシアを除くヨーロッパの1.9倍である。面積だけならばアメリカよりも大きな国はあるが，ツンドラ，砂漠，熱帯雨林などのために開発面積の小さなところが多い。

　アメリカにも砂漠や湿地や山岳地帯があるが，国土のうちの大部分は開発されるか，意図的に保全されており，交通網が全土を覆っている。アメリカが道路に使っている面積だけでも，イギリスよりも大きい。北米大陸でカナダとメキシコと国境を接し，カナダとの国境の長さはアラスカを含めて8,840キロ，メキシコとのそれは3,092キロもある。

　カナダ国境からメキシコ湾までは約2,500キロあり，それはサハリン中央から台北までの距離と等しい。くわえて，アラスカがあり，その一部は寒帯に含まれている。ミシシッピ平原の最大幅は東京から東シナ海，中国大陸の古都西安をこえて，甘粛省の蘭州にいたっている。ロッキー山脈の最大幅は本州北端から九州南端までの距離に等しい。

　大陸国家アメリカは多様な自然条件をもつこともあり，いくつかの地域に分けられる。図1-1はアメリカセンサス局による地域区分を示している。アメリカは基本的に北東部，中西部，南部および西部に大別され，それらがまた細分化されている。しかし，歴史的に見ると，これらの境界はあくまで行政による地域区分であり，それが人びとの行動を規定したとは考えられない。たとえば，ケンタッキー州では，南北戦争時には北軍と南軍に分かれて戦った家族も多かった。また，現在でもレキシントン空港を利用する人もいれば，オハイオ州のシンシナチ空港を利用する人もいる。それは経済合理性にもとづいた行動であり，そこに地域区分の存在は忘れられている。つまり，地域区分が歴史や自然条件にもとづいて決定されていたとしても，それはあくまでも目安であり，厳密なルールと考えるべきではない。

　図1-2はサンベルト（Sun Belt）とフロストベルト（Frost Belt）を示

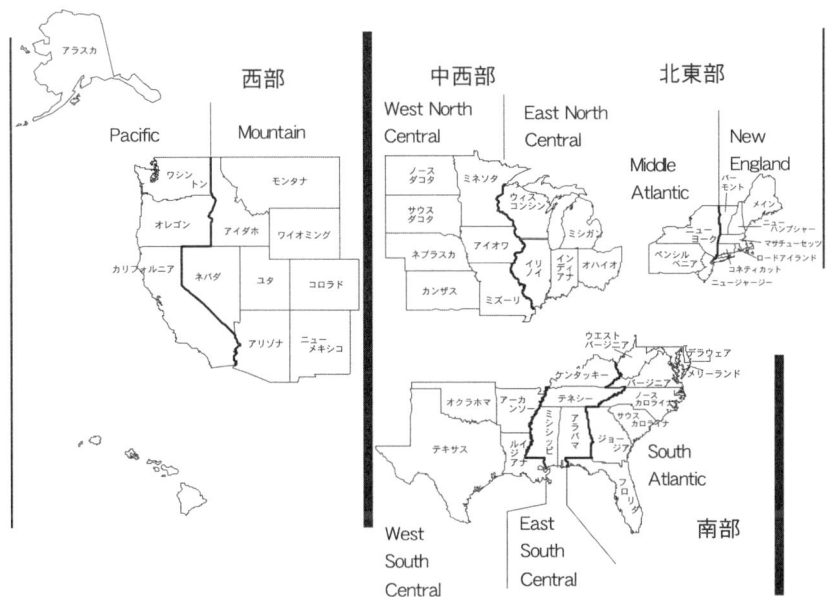

図 1-1　センサス局による地域区分

出所）筆者作成。

している。1980年代ころになっておおむね北緯37度以南の地域をサンベルトと呼ぶようになった。ここには産業や人口が流入する新しい都市が多く立

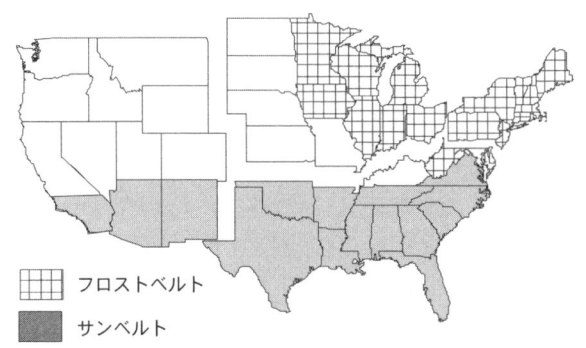

図 1-2　サンベルトとフロストベルト

出所）筆者作成。

地し，それが犯罪やインフラの老朽化をはじめとする都市問題や産業流出など多くの問題を抱える北東部や中西部の古い都市と対照的であったからである。けれども，その後の都市再開発や景気回復の程度によってフロストベルトのなかでも明暗が分かれるようになった。

1.2 自然条件

　アメリカは独立当初から現在のように巨大な国土をもっていたわけではなかった。1776年，アメリカが独立したときの領土面積は現在の約5分の1にすぎなかった。その後，1803年にナポレオンからルイジアナを購入し，領土は2倍になった。ついで19年にはスペインからフロリダを購入，45年にはテキサスを併合，翌46年にはイギリスとの協定によってオレゴンを獲得した。48年にはメキシコ戦争の結果として，ニューメキシコとカリフォルニアを購入して，国土は独立時の約4倍となった。そして67年にはロシアからアラスカを購入し，ほぼ現在の国土面積に到達した。このようにアメリカでは国土の拡大が続いたために，日本やヨーロッパと異なり土地はもっとも豊富な資源であり，その価格も比較的安かった。

　しかし，人口の増加は国土の拡大よりもはやく，人口密度は徐々に高くなった。1790年の1平方キロあたり人口は2人であったが，1860年には4人，1960年には23人，1997年には29人となった。独立当初13州であったアメリカは，1950年代末に相次いで州に昇格したアラスカとハワイを含め，現在では50州からなっている。

　広大な土地はアメリカ史のなかで重要な役割を果たしてきた。土地にまつわるアメリカ観は枚挙に暇がない。たとえば，未開の荒野がアメリカ人を形づくったとか，西部が社会の安全弁となったとか，広大な土地は工業の悪影響を純化したというものである。これ以外にも，地域における主要生産物の相違がアメリカ社会の多様性をつくった，特化と地域間交易が経済発展を促進した，というのも地域の特性からくるアメリカ観である。

　西部劇にはアウトローたちが登場する。1840年代のゴールドラッシュはカリフォルニアに都市を形成したし，ロッキー山脈のなかにも砂金の枯渇と

ともに捨てられたゴーストタウンがある。大陸横断鉄道，ミシシッピ河物語，『大きな森の小さな家』，西部劇のヒーローたちはすべてアメリカ人の心を躍らせた。

しかし，今日ではアメリカ西部の歴史解釈は一世代前とはすっかりかわっている。西部は世界中からいろいろな人種が来てせめぎあい，助け合い，競争しあってアメリカというひとつの社会をつくった異文化交流の場である，という考えが有力である。メルティング・ポット説からサラダボウル説をへて，19世紀における異文化交流の実験場と考えている。それは，21世紀の世界が技術革新の結果，直面しているものと同じである。

また，土地は経済と密接なつながりをもっている。たとえば，日本でつくられる高速道路はトンネルや橋が多いため，高規格になる。したがって，建設費はアメリカのおよそ5倍を要するし，土地購入費はアメリカの約20～25倍となる。

土地には地下資源が含まれる。アメリカの地下資源は非常に豊かで，東のアパラチア山脈では石炭，鉄鉱石，ボーキサイトおよび銅などが産出されるし，西のロッキー山脈の両側からテキサスにかけては，石油や天然ガスが産出される。しかし，資源の保全と公害防止などの見地から国内での生産よりは輸入に依存している。

ただし，どの資源がどれほど重要かは用途のひろがりと相対価格によっている。19世紀において石油はせいぜい暖房に使うぐらいのことで重要な資源とはいえなかった。20世紀になって自動車や航空機に石油が使われるようになり，石油化学も発達するとそれは重要な資源となった。

第二次大戦後，アメリカは石油輸入国になり，70年代以降，輸入への依存は高まった。中近東その他の新興産油国に比べて石油の産出コストが高くなり，加えて戦略的観点から国内の石油を温存しようという考えもある。そのため，アラスカの石油を増産するかどうかは政治上の論点のひとつになっている。

また，2010年に発生した中国によるレアメタル輸出の縮小に直面して，カリフォルニアのマウンテンパス鉱山において増産体制が整えられるという

発表があった。こうした鉱山は企業が所有しているものの，外国依存のコストが相対的に高くなると国内生産のコストが安くなるため，生産が再開されるという事例であろう。

　アメリカが世界最大の工業国であることはよく知られているが，世界最大の農業国であることは忘れられがちである。アパラチアからロッキーにいたる大平原は世界でも有数の肥沃な土地で，北から南へ春小麦，とうもろこし，冬小麦，綿花と帯状に生産地がひろがっている。そのほかにも米，大麦，ライ麦，そば，じゃがいも，さつまいも，大豆，ピーナッツおよびタバコなどが適地で生産され，大豆，綿花，米，小麦，ライ麦などについては有数の輸出国になっている。リンゴはアメリカ中西部以北のどこででも収穫され，カリフォルニアやフロリダなどではかんきつ類が生産され，西海岸ではぶどうからワインが生産されている。

　世界最大の農業国といっても，アメリカ人のなかで農業に従事している人口はきわめて少ない。2007年の経済活動人口に占める農林水産業従事者は1.7%であり（日本は2.7%，いずれも総務省『世界の統計』より），農業従事者1人あたりの耕地面積は日本の約25倍であった。このようにアメリカの農業は肥沃な土地と高い生産性に支えられている。そして，生産性の伸びは1990年になっても衰えず，日本はもちろん世界平均よりも高い。農業従事者の多くは市場指向で，生産者というより経営者という側面が強い。

2．アーバンとルーラル

　「アメリカ」と聞いて思い浮かべる風景は十人十色であるが，以前から気になることがある。それは，日本の報道番組でアメリカの中継地がニューヨーク市だということである。おそらく，読者もアメリカの地名のなかで目にする機会が圧倒的に多いのは，ニューヨークであろう。この理由は案外に単純で，企業数や駐在者数が多く，そこから中継すれば移動コストは安いし，人もモノもそろいやすいということなのだろう。ニューヨークのような大都市もアメリカの一部であるが，大都市の歩行者に街頭インタビューし，

2．アーバンとルーラル　　7

写真1　コロラド州からユタ州（山脈から平野部へ（1997年頃））

写真2　アパラチア開発道路と牧草地（1999年）

写真3　メイン州のバー・ハーバー（2009年）

写真4　ニューヨーク市内の物資輸送用の高架鉄道の廃線跡を利用した散策路（2009年）

出所）いずれも筆者撮影。

それがあたかも「アメリカ」の意見として紹介されることが問題なのである。

　都市（アーバン）の対概念はルーラルであり，これらはもともと地理上の地域区分である。ルーラルエリアは日本のような農村地域ではなく，低密度地域とするのが正しい。いわば「いなか」であり，主力産業は農業の場合もあるが，鉱業や製造業のところも多い。そして，廃坑や製造工場の移転によって雇用基盤がなくなった衰退地域（distressed area）では「ルーラルの貧困（rural poverty）」という問題を抱えている。

　写真1から3までいずれもアメリカのルーラルエリアである。また，写真4はアーバンの代表であるニューヨーク市内の廃線を利用した散策路だが，こうした風景が日本のメディアに取り上げられる機会は多くない。

　1950年センサスにおいて，現在も使用されている都市化地域（urbanized

area）が設定された。その後は都市が拡大し，いわゆる郊外化という現象によりかつてのルーラルエリアは都市圏の一部に組み込まれることになった。しかし，人口の拡散と都市縁辺部の人口密度の上昇は不均一に進行するため，都市圏にもルーラルエリアが存在している。こうして都市とルーラルの境界がかなり不明確になっている。都市は自治体に法人化されている（incorporated）が，ルーラルエリアは概ね未法人化地域であり，後述する郡（county）政府が行政主体である。

1920 年以降，アメリカ国民の過半数は都市に居住しており，2000 年センサスによれば，アメリカ全体の 79%にあたる 2 億 2,236 万人が都市住民である。同時に 5,900 万人のルーラル人口の分布をみると面白いことがわかる。2000 年時点で州人口の過半数をルーラル人口が占める州はメイン，ミシシッピ，バーモントおよびウェストバージニアの 4 州にとどまっている。

ところが図 1-3 からは別の側面が見える。これは，アメリカのルーラル人口のシェアが 3%以上の州を示している。東部や南東部の州にルーラル人口が多く，西部劇などを通じて形成された西部＝ルーラルというイメージが正

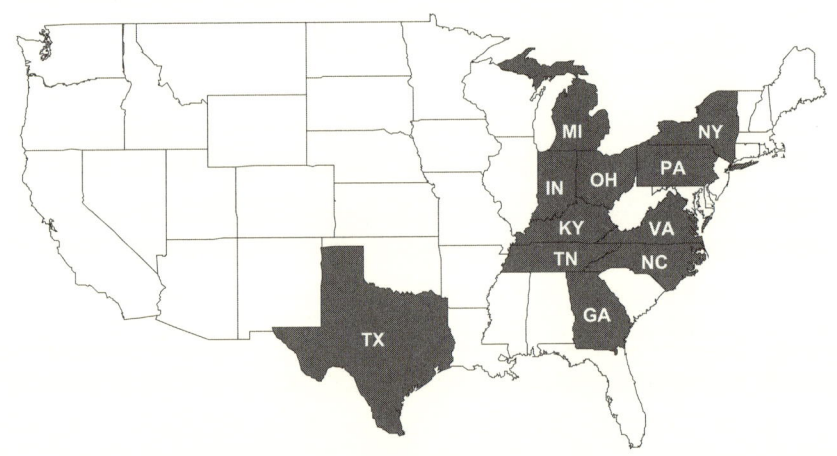

図 1-3　ルーラル人口のシェアが全米の 3%以上の州

出所）2000 年センサスにもとづいて筆者作成。

確ではないことがわかる。例えば，ニューヨーク州やデトロイト市のあるミシガン州のルーラル人口のシェアは全米の上位10位にはいっている。

しかも，2000年時点でも国土面積の71％はルーラルエリアであり，公共用道路の総延長の73.6％はルーラル道路が占める。つまり，読者がドライブしている道路の4分の3はルーラル道路であり，その周辺に広がるのがルーラル景観ともいえる。ルーラルエリアこそがアメリカだとは言わないまでも，大都市がアメリカを代表しているとは考えてはいけない。ルーラルエリアや中小都市に古き良きアメリカを見ることが多いというのが実感である。

3．人口と人種

3.1 移民

アメリカは歴史上かつてないほど急激な人口増加を経験した。植民地時代から1860年までは人口はほぼ23年ごとに2倍になっている。すなわち1650年の人口は5万人，独立当初の1790年には390万人，南北戦争時には約3,000万人であった。

南北戦争後，アメリカの人口の伸びは鈍化したが，それでも1860年から90年までは10年ごとに25％，90年から1910年までは20％，10年から30年までは15％であった。30年代の大不況時には7％の伸びにとどまったが，40年代，50年代にはふたたび15％以上になり，60年代，70年代には10％をわずかにこえる程度，そして80年代以降20世紀末までは約9.2％になっている。2008年のアメリカの人口は約3億405万人となった。

アメリカはもともと移民によって成り立った国であるが，統計を調べてみるとアメリカの人口増加は主として自然増の結果であった。1820年から1960年までにアメリカには約4,700万人の移民があり，そのうち帰国したものを除くと，2,500万人がアメリカにとどまった。1960年以降もアメリカは積極的に移民を受け入れ，60年代約330万人，70年代450万人，80年代730万人，91年から98年760万人と移民の数は増加の一途をたどっている。

歴史上これほど多くの移民をさまざまな地域から受け入れた国はない。移

民たちは自由を求め，土地所有者になることを夢に見，見通しのない貧しい生活に変化をもとめて大西洋や太平洋を渡ったのであった。新しい移民たちはたいていアメリカで最下層の仕事についたが，新しい移民が到着するにしたがって上に押し上げられ，2世はアメリカ化して中産階級となった。そのプロセスは今日でも大きく変わっていない。一世代前の新移民はプエルトリコ人やメキシコ人たちである。その後アメリカは大量の難民を受け入れ，ベトナム，カンボジア，ハンガリーなどからの難民はアメリカで新しい生活をはじめている。

一方，アメリカは才能がある移民たちに活躍する場をあたえてきた。鉄鋼王カーネギー，新聞王ピューリッツァー，労働運動の父ゴンパース，ニクソン政権で国務長官となったキッシンジャーなどはいずれも移民であった。アメリカの一流企業の社長にも移民がいるし，学者，芸術家，技術者として活躍している人たちもいる。

もちろんアメリカにもエリートがおり，上流階級がある。また，WASP（ワスプ）という白人・アングロサクソン系・プロテスタント教徒がある種のクラスを構成するといわれる。しかし，WASPはグループとして何らかの力をもっているわけではないし，WASPではない人たちがそのために出世を妨げられるということではない。

3.2 ネイティブ・アメリカン

新しい移民が中産階級になっていく過程のなかでとり残されてきたのは，ネイティブ・アメリカンと黒人であった。アメリカに移住してきた最初の人類がネイティブ・アメリカンであった。彼らは氷河時代の末期，シベリアとアラスカが地続きであったころ，アジアから移住してきたと考えられている。移住者の大部分はモンゴロイドであった。モンゴロイドの赤ん坊にはたいていお尻に青いあざ（もうこ班）があるが，ネイティブ・アメリカンの赤ん坊もそうである。

ヨーロッパ人が移住してきたころ，北アメリカに住んでいたネイティブ・アメリカンは100万人弱で，言語は55以上にわかれ，方言も含めると500

以上の種類の言葉が用いられていた。彼らは狩猟，漁業，木の実の採取，簡単な農作物で生活していたが，馬，車輪，鋤，鉄器具，食用家畜，小麦，火薬などをもっていなかった。また彼らには土地所有の概念がなく，部族の支配地域がおおまかに定められていただけであった。

　しかし，ヨーロッパからの移民がネイティブ・アメリカンから学んだことは大きい。アメリカの農業は，ネイティブ・アメリカンの作物をヨーロッパの耕作技術で栽培することにより成り立った。現在でもアメリカの農業生産の約7分の4はいわゆる「インディアン作物」である。そのなかにはとうもろこし，タバコ，じゃがいも，さつまいも，豆，ピーナッツ，トマト，かぼちゃ，カカオ，アメリカ綿，ゴム，パイナップル，アボカド，スクオッシュ，オクラなどがある。

　スポーツも多くはネイティブ・アメリカンの発明であった。彼らはボールを発明していたために，それを使って完全な遊びの世界をつくりあげていた。ハンモック，チューインガム，カヌーなどもネイティブ・アメリカンのものである。

　ネイティブ・アメリカンのチーフは，地位の権威と権力によって住民を支配し従属させるというような存在ではなかった。チーフは多数決または合意によって住民から選ばれる公僕で，住民たちは自由で多様な生活を営んでいた。のちに白人たちと交渉するときなど，ネイティブ・アメリカンの決定には時間がかかったが，それは決定方式がきわめて民主的であったからである。

　ネイティブ・アメリカンの信仰は，すべての物体は霊をもつという汎神論的なものであった。それゆえにすべての物体は大切に取り扱われなければならず，人間存在の意味は山や川，小さな動物の存在の意味とかわるところがなかった。

　2007年のネイティブ・アメリカンの人口はアラスカ・ネイティブも含めて294万人であった。もっとも混血がすすんで，ネイティブ・アメリカンを定義することがむずかしく，現在では本人の申告にもとづいて分類されている。第二次大戦後，ネイティブ・アメリカンは都市に移住しはじめ，現在で

は半数以上が都市に居住している。ネイティブ・アメリカンはアメリカにおける少数民族のうちでもっとも貧しく，平均寿命も短く，教育水準も低い。

3.3 黒人

　黒人は奴隷として新世界へ連れてこられた。19世紀なかばまでにその数は約950万人に達した。そのうちの6％が現在のアメリカ合衆国に到着した。新大陸に連れてこられた黒人の多くは，カリブ海やブラジルで砂糖生産に従事した。当事の砂糖生産農場は大規模で数百人の奴隷を使っているところが多かった。一方アメリカではタバコ生産に用いられたが，タバコ農場は小規模で10人以上の奴隷をもっているところは少なかった。

　当時のカリブ海諸島は衛生状態が悪く，死亡率が高かったため，一定の労働者数を確保するためにたえず新しい黒人を連れてこなければならなかった。そのため19世紀になってもアフリカ生まれの黒人が多かった。一方，アメリカではすでに1680年にアメリカ生まれの黒人の方が多くなり，独立のころにはアメリカ生まれが80％になっていた。人口増加の大半は黒人の自然増の結果であった。アメリカ以外の西半球の黒人奴隷は徐々に解放され，1830年までに約3分の1が自由の身になった。しかし，アメリカ南部では1830年代以降，綿花生産の拡大にともなって奴隷制はむしろ強化された。綿花生産の利潤率が高く，奴隷はきわめて効率的な生産手段であった。こうしてアメリカは奴隷制度を廃止するために内戦を行った唯一の国となった。

　南北戦争が終わっても黒人差別は長く続いた。施設さえ平等であれば黒人と白人とを別々の場所に分離することが合法であるとした時代は1964年，68年の公民権法が成立するまで約100年のあいだ南部で続いた。

　2008年のアメリカ合衆国の黒人人口は総人口の約12.8％であった。アメリカの賃金格差は教育程度によってもっともよく説明されているが，過去の歴史的経緯からみれば，白人と黒人およびその他少数民族の間にはかなりの教育格差がある。2008年時点で，4年以上高等教育をうけた白人は87.1％，黒人は83.0％，アジア系は88.7％，ヒスパニックは62.3％であり，また4年

制大学以上で勉強した白人は29.8%，黒人は19.6%，アジア系は52.6%，ヒスパニックは13.3%である。しかし，教育程度が同じであっても黒人の所得は白人のそれより低い。失業率にも格差がある。2008年の失業率は平均すると4.6%であったが，白人の失業率は4.1%，黒人のそれは7.9%，ヒスパニックのそれは6.1%であった。そして失業率がもっとも高い女子の16～19歳では白人16.8%，黒人31.2%に達している。

しかし，公民権法が成立したときと現在とを比べると隔世の感があり，差別は著しく改善された。南部の一流レストランで黒人夫婦が食事をとり，白人ウェイターがサービスしているというような姿はふつうに見る光景となった。

4．連邦制

4.1 地方分権

アメリカは誕生のときから州の連合体であり，州は国家の機能を備えていた。州には行政府，立法府はもちろん司法，警察，その他の機関も整っていて，州内でおこることすべての責任を負う。したがって一部を除いてアメリカには州の許認可はあっても連邦の許認可権はない。

交通機関が発達して州域をこえる取引が増えると，州から権限を委譲されて連邦政府がその管理にあたることになったが，そのはじまりは1887年の州際商業法である。その後も経済発展とともに連邦政府の役割は大きくなり，州間にまたがるあらゆる事件は連邦の管轄下におかれるようになった。たとえば，州間にまたがる犯罪はFBI，州間にまたがる大気汚染源は連邦環境保護局（EPA），航空の安全監督は連邦航空局（FAA）といった具合である。しかし，その場合でも連邦法には州政府の役割が規定されるか，「州政府の協力をえて……」という言葉がはいっている。

このような地方分権制度は現在になるとアメリカの経済運営を複雑で，部分的には非効率なものにしている。たとえば，連邦政府の最低賃金法は州内だけで商売をしている企業には適用されない。街角にある雑貨屋の従業員の

賃金がいかに低くても，州法にさえ違反していなければどうしようもない。

　アメリカでは伝統的に州間，都市間の競争意識がつよい。たとえば，東海岸の4大海港都市，ボストン，ニューヨーク，ボルティモアおよびフィラデルフィアは長い間，内陸開発と海外貿易量の拡大で激しい競争関係にあった。現在でもそのような競争意識はなくなっていない。ある州やある都市の税金が高くなったり，教育が気にいらなくなったり住み心地が悪くなると，日本人ほど土地や家に執着しないアメリカ人は別のところに移り住む。

　これまでの研究では，居住地の移動について興味深い分析がなされている。地方税の代表は財産税（日本の固定資産税に動産税をあわせたようなもの）であるが，この水準は地方サービスや公共財の提供水準と相関があると考えられている。つまり，高負担高サービスか，低負担低サービスかということである。サービスには学校教育や生活道路の維持管理なども含まれる。家庭に学齢期の子供がいない高齢者は学校教育の質には関心がなく，低サービス地域，つまり，財産税の低い地域に移住することが証明されている。反対に，子供のいる家庭ほど高サービス地域に移動しようとする。生産年齢世代の移住を望むならば，州や地方政府は州税を抑えながらも教育水準を高め，道路を改善し，治安維持に努めなければならなくなる。

　さらに，アメリカのある都市で都市内の混雑を減らすために環状道路をつくろうという提案がなされたとしよう。日本ならその提案を国土交通省にもちこみ，必要性を強調して建設を要請するところである。しかし，アメリカの場合はその必要性を住民に訴え，道路建設に必要な経費をまかなうために財産税や売上税を増徴するという案を提出して，住民投票を実施するのが普通の手続きである。

　アメリカの歴史をみると，いつでも連邦政府の権限拡大に反対し，地方分権を徹底させようとする勢力があった。それは，権力の集中に対する伝統的な警戒心と地方のことは地方の人がもっともよく知っているという信念にもとづいていた。また事実アメリカのような広大な国で地方分権制度ができあがっていなかったならば，国土の均衡ある発展はなかったであろう。

　どちらかといえば，民主党は連邦権限の拡大に反対することは少なく，共

和党は地方分権に積極的であったが，1970年代以降，連邦政府の肥大化と財政赤字の増大をまえに両者とも地方分権の推進を強調する方向にある。

4.2 州政府と地方政府

アメリカの市町村の機能は日本における市町村と一致し，地方自治体（municipality）といわれる。この呼称は，一定の人口規模を有する地域の住民の要請に応じて創設されたということを意味し，19世紀後半以降の都市化の進展によって州政府の承認を得て創設がすすんだ。また，山崎（1989）は，地方自治体を「一定の地域における特定の集中した人口に対して，一般的なサービスを提供するために，地方自治権のある法人（municipal corporation）が設置された政治的な一区域（political subdivision）としている。

郡（county），タウンシップおよびタウンは州政府の出先機関という役割をもち，住民の意思とは無関係に創設されるため，準地方自治体と呼ばれる。準地方自治体と地方自治体をあわせて地方政府（local government，金子（1977）では地方団体と訳されている）とされる。全国的にみた場合，郡（ルイジアナ州ではparish，アラスカ州ではborough）がもっとも普遍的な組織であるが，ニューイングランド地方ではタウンが伝統的に基本的な政府の単位となっている。

いまひとつの準地方自治体は特別地区であり，これは一定の目的をもって設置される地方政府である。ところが，特別地区はむしろ地方自治体に近く，署名，請願という活動によって設置が認められることが多い。特別地区には，学校区，消防区，公園・レクリエーション区などがある。なお，アメリカの地方政府には州政府を含めないのが一般的な解釈である。

州政府は地方政府の上位組織と考えられ，地方政府は「州の創造物」といわれる。このような州優位の原則は，1868年のアイオワ州のディロン（John F. Dillon）判事の判決に由来するディロン・ルール（Dillon's Rule）にもとづいている。この判決以降，他の州の裁判所でもこれに類似する考え方が採られるようになり，ディロン・ルールは法解釈として通説になった。

しかし，このような考え方に対しては政策遂行上の協力関係に注目せず，州と地方の支配や規制という側面に重点を置きすぎてきたという批判がある。地方政府関係者は州当局から支援を受けることも多く，彼らは州当局の権力基盤の確立，人材確保および行政の自立性の維持に一役買っている。また，地方の有力者が舗装業者や自動車団体のような伝統的な「道路ロビー」であれば，州運輸省の支援団体である場合がある。つまり，州運輸省は地方政府関係者と協力しようとするし，地方政府関係者も共通の利益があれば州当局と接触する。

実際には，州憲法や州法だけではなく，州議会によるディロン・ルールの解釈や司法判断が地方政府の権限の大きさを左右する。たとえば，アラスカ州は地方政府に対してディロン原則とは反対に地方分権的なアプローチを採用し，地方政府に州政府からの自由を付与している。そして，伝統的に南部の州議会には，地元に影響を及ぼす法律を制定する大きな権限が与えられているのに対して，ニューイングランド地方の地方政府の自治権は強いとされる。また，異なる州が同じホームルールを制定し，それにもとづく権限の範囲が州裁判所で争われたとしても，判決は異なったものになる。

4.3 州政府の地方政府に対する課税制限

合衆国憲法は，連邦の課税権だけではなく，州にも課税権を認めている。州の課税権が制限されるのは，輸出入にかかわる賦課金や関税（第1条10節2項），トン税（同3項）のみである。

憲法は地方政府に対しては何の規定ももたず，州政府は地方政府の財政的な自主権を制限している。以下では，Mullins（2003）にもとづいて，州政府が地方政府に課す財政上の制限について述べる。地方政府の財源には州や地域による多様性があるものの，財産税が基幹税であることにはかわりなく，ほとんどの州は財産税に関する制限を設けている。州政府が課税制限を実施していないのは，コネティカット，メイン，ニューハンプシャーおよびバーモントの北東部4州のみである。

財産税が制限される契機になったのは1970年代末のカリフォルニアにお

ける「納税者の反乱」であり，制限の48%は1977年以降に，27%は1990年以降にできたものである。このような制限は7つに大別され，Mullinsの調査結果にもとづく州の数をカッコ内に示すと次のようになる。

(1) すべての地方政府（市町村，郡，学校区および特別区）に対する財産税の税率の上限を設定 (12)。
(2) 特定の地方政府に対して財産税率の上限を設定 (33)。
(3) 財産税収に制約を設定 (26)。
(4) 一般歳入額の上限（キャップ）を設定 (2)。
(5) 一般歳出額の上限（キャップ）を設定 (8)。
(6) 地方政府の評価引き上げを制限 (10)。
(7) 税率の決定や増徴のための住民投票に必要な完全な情報開示 (22)。

ここからわかるように，すべての州の66%にあたる33の州で特定の上限（上記(2)の制限）を設定しており，(1)の全州的な制約をもつ州をあわせると重複もあり，36の州において税率に何らかの制限が設けられている。

表1-1には制限をもつ地方政府のある州の数をアメリカの地域区分にしたがって示したものである。地域に含まれる州の数にばらつきがあるので，最下段に制限を集計し（延べ数），それを州の数で除した数を示している。7つの制限のうち少なくとも1つが地方政府に課されている州は延べ数で119あり，1つの州あたり2.38の制限がある。このような制限は，北東部の州で少なく，西部や中西部の州で多くみられる。なお，表注にもあるように制限を撤廃する州があり，西部のなかで制限をもつ州の数は延べ39に減少してはいるが，依然として1つの州あたりの制限数は3である。

西部の州の制限は比較的新しく採用されたものであるが，制限の内容は厳しいという傾向がある。Mullinsは，もっとも制限の厳しい州としてアリゾナ，カリフォルニア，コロラド，ニューメキシコ，オレゴンおよびワシントンの6つの州をあげており，これらはいずれも西部の州である。なかでもカリフォルニア州とコロラド州は7つの制限のうち5つを採用している 。西部の州では特定の財産税率に上限を設定している州が多く（13州のうち11州），次いで財産税収に上限を設けている州が多い（西部13州のうち10州

表 1-1　財産税に対する課税制限のある州

	北東部	中西部	南部	西部	合計（シェア）
(1) 税率に上限	0	2	3	7	12 (24%)
(2) 特定の税率に上限	3	10	9	11	33 (66%)
(3) 税収に上限	4	8	6	10	28 (56%)[注1]
(4) 一般歳入額に上限	0	2	0	2	4 (8%)[注2]
(5) 一般歳出額に上限	1	4	0	3	8 (16%)
(6) 評価引き上げの制限	1	2	4	5	12 (24%)[注3]
(7) 完全な情報開示	1	5	10	6	22 (44%)
合計	10	33	32	44	119
1州あたりの制限数	1.11	2.75	2	3.38	2.38

注1)　1992年にアイダホ州，1986年にユタ州が制限を撤廃。
注2)　1993年にミネソタ州，1989年にネヴァダ州が制限を撤廃。
注3)　1991年にメリーランド州，2000年にワシントン州が制限を撤廃。
出所)　Mullins (2003), p.104.

であったが，現在は8州）。

　財産税のみならず，地方政府による動産・不動産に対する課税は州政府によって制限をうけるかわりに，州政府は補助金を出し，収入を地方政府と分けあう形をとる。このような資金の流れは政府間移転（intergovernmental payments）と呼ばれる。

5．価値観

　アメリカには古くから存在したいくつかの価値基準があった。それらは理想的なアメリカ人の姿とアメリカ的社会のイメージに重なっていたが，いつの時代でもつねに変わることなく維持されてきたとはいえない。それらは時間とともに変容し，あるいは陰に追いやられ，必要ならば表に引きだされてスローガンとして用いられた。アメリカに何らかの危機が訪れたとき，伝統的な価値観は再発見された。

　アメリカという国には同一民族という国家成立の基盤がない。アメリカで

生まれた者とアメリカに移住して市民権を得た者がアメリカ人である。多様なアメリカ人をひとつにするもの，それはアメリカ人の共通の夢あるいは価値観しかない。つまり，アメリカの価値基準を容認すること，それがアメリカ人になるということであった。そして，アメリカの価値基準を受けいれようとしない移民たちは歓迎されず，排斥の対象となる。

　アメリカの価値観の大部分は，アメリカが農業中心の平等主義的国家であるときに形成された。したがって工業化がすすんだ19世紀後半までにはそれらのいくつかは経済の現実とは合致しないものとなった。いくつかの価値基準は新しい思想によって強化され，現実に合致するよう再解釈された。その場合でも古い価値観は捨て去られたわけではなかった。古い皮袋に新しい酒がいれられたのである。ここではいくつかの価値基準をとりあげておこう。

5.1 「大地に根ざすものは道徳的である」

　土地あるいは土地に関連した存在が神聖であるという考えは，人類の歴史とともに古いが，アメリカでも大地はとくに重要であった。初期の移民たちは，アメリカに未開拓の肥沃な土地が無限にあり，アメリカへ行きさえすれば好きなだけ自分の土地をもつことができると考えた人たちであった。そして事実彼らの大部分は土地もちになった。その土地は稔りゆたかで，そのおかげで余裕がある生活ができるようになった。それは神の恩寵としか考えられなかった。こうしてある種の大地信仰がうまれた。また額に汗して大地に働くものは，より神に近い道徳的な存在であると信じられた。

　「もし神が選民というものをもちたもうとすれば，大地を耕すものこそ神の選民である」というのは，アメリカ建国の父祖の1人，トマス・ジェファソンの言葉である。彼は独立自衛の農民をもって構成されるアメリカは，道徳的にも健全であり，政治的にも民主的であると考えた。そのころのたいていのアメリカ人も大地と農業と勤労がアメリカ人を正直で，汚れのない，罪のない人間にすると信じていた。

　そのアメリカに工業化がはじまったとき，アメリカ人には思想の転換が必

要となった。工業は本来不道徳なもので，ヨーロッパでおこっているように，人びとの勤勉性を失わせ，貧しい人びとをつくり，人びとの精神を退廃させると考えられていたからである。しかし工業の発展もアメリカ人の生活をよりゆたかにすることがわかっていくにつれて，アメリカ人はアメリカで工業がさらに発展しても，ヨーロッパのようにならないであろうと考えた。なぜなら，アメリカにおける大地の存在が工業の不道徳性を鈍化するからである。そのころアメリカで描かれた鉄道や工場の画やポスターはつねに大自然の背景の前面におかれ，ここでは土地が広大であるために，自然と工業は不調和でないことが強調された。

　すでに述べたように，アメリカはつぎつぎと新しい領土を獲得し，土地はさまざまな方法でそれを欲している人たちに払いさげられた。1862年の「自営農地法」（Homestead Act）は，大地に汗して働く独立自営農民というアメリカの夢を制度化し，恒久化する法律であった。農業従事者の数は，1870年には労働力人口の約半分，1900年には3分の1に下がり，1890年にはフロンティアが消滅した。しかし，大地信仰が死ぬことはなかった。

　今日のアメリカの農業人口は全人口のごくわずかな部分でしかない。それでも多くの人は農民こそ国の宝であり，アメリカ的美徳の源であり，民主主義の基盤であると考えている。大統領候補者が選挙戦中に畑にある小麦を口にふくんで今年の作柄は良いといってみたり，通りすがりの農家にはいって自分で乳しぼりをしてみたりする風景がマスコミに報道されるが，それは自分がいかにアメリカの大地に近い人間であるかを示そうとしているのである。現在アメリカ人の79％が都市地域に住んでいるが，彼らの郷愁をかきたてる存在が田園（ルーラルエリア）であることに変わりはない。退職後は田舎に住んで農業をやりたいと口にするアメリカ人も少なくない。もちろん農業は今日でもさかんで，農民はけっして無力な羊ではない。議会に農民の意見が反映されることも多い。しかし，このような伝統的な価値観の理解なしには，なぜ1.9％にしかすぎない農民の意見が政治によく反映されるのかを説明しにくいのである。

5.2 「勤勉と節約にまさる富への道はない」

　いま一人の建国の父祖フランクリンは，アメリカの民衆に『富への道』を説き，「要するに富への道は……勤勉と節約の二語につきる。すなわち時間と貨幣とを浪費せずに，この両者をもっとも活用することである」と書いている。フランクリンの教訓は独立自営の農民にとって経験的真実であった。しかし，フランクリンの『富への道』は単なる処世訓や知恵ではなかった。それは同時に徳を高く保つことにつながり，理想的なアメリカ人に近づくことであった。

　フランクリンの思想が「現代資本主義の精神」であったかどうかは別にしても，それがアメリカの精神的風土に適合し，伝統的な価値観のひとつになったことは確実である。こうして金銭的な成功は道徳的にすぐれていることの証となった。19世紀を通じて教会の牧師のなかには，「神は道徳的な人間にのみ富を与えたまう」とか，「正直な人だけが金をもうけることができる」と説教をつづけた人が少なくなかった。19世紀末から20世紀はじめにかけてソーシャル・ダーウィニズムがアメリカでさかんになるのも，そのような基盤があったからである。

　貧困や失業が個人の怠惰や浪費の結果ではなく，社会のしくみから生じたものであるという考えは，1930年代になってようやくアメリカに定着する。労働力人口の4分の1が失業するという経験をへてはじめて，アメリカ人は社会的産物としての貧困や失業を認識したのである。

　しかし，社会的産物としての貧困や失業は，もともとアメリカ的なものではなかった。なぜならアメリカが真にアメリカ的な社会であるためには，勤勉と節約と正直という美徳をもつ人がすべて富への道を歩むことができなければならないからである。アメリカの大地と，アメリカの民主的制度が正しく機能するならば，そうなるはずである。アメリカの歴代の政府が多少のニュアンスの差こそあれ，失業の減少を経済政策の最大目標にかかげ，重要視してきたのは社会的失業がアメリカの伝統的な夢と相容れない現象だったからである。

5.3 セルフメイド・マンとコモン・マン

　田園の夢と深くかかわりあっているアメリカ人の理想型は，独立自営のセルフメイド・マンということであった。みずからの努力によって土地を獲得し，額に汗して社会にその位置を得，個性ゆたかで容易に妥協しない正直な人間である。アメリカではセルフメイド・マンはすなわち普通の人，コモン・マンである。コモン・マンの代表的な英雄はジャクソン大統領であった。ジャクソンは生まれながらにして，何らかの特別な家柄や身分や地位をもっていたわけではない。彼は他人の力に頼らず，みずからの能力と努力によって運命をきりひらき，大統領にまでのぼりつめたというわけである。ジャクソンのほかにもアメリカにはいくらでもセルフメイド・マンの典型をみいだすことができる。

　セイフルメイド・マンというイメージは特権の否定と機会の平等を意味した。フランクリンは，アメリカへの移住に適している人は誠実な働き手か，技能をもつ人であって，誇るのは家柄だけという人には移住はすすめられないと説いた。事実，身分や家柄は働かなければ食べていけない新世界では無意味であった。アメリカの憲法は三権分立や「チェックス・アンド・バランセス」などの制度によって代表されるように，特権や権威をつくりださないように最大限の工夫をこらしている。

　工業化がすすむと，中世的な身分ではなくとも，金持ちは一種の特権的な地位をもつことになったし，労働者たちはセルフメイド・マンになる機会を奪われていった。人びとがもっともおそれたのは，経済の変化にともなって個性を全体のなかに埋没させてしまった画一的なアメリカ人が生まれることであった。そのおそれはきわめて早い時期から指摘されていた。たとえば，ソローは『森の生活』（ウォールデン）の最初にコンコードの生活を描いて，「人間が汽車にのるのではなく，汽車が人間にのる」のであるとか，時刻表に支配されて生活している人間を描いている。

　もちろん19世紀は近代化の時代であり，たいていのアメリカ人は新しい機械の出現や拡大する工業生産に目を奪われていたし，それを進歩と考えていた。しかし，セルフメイド・マンの理念は消えることなく，それはとくに

アメリカの教育，あるいは教育論のなかで個性を尊重し，各人の能力をひきだすことを強調することとなってあらわれた。

アメリカの小，中学校教育では画一的に記憶を強要したり，つめこみ教育をしないのは，そのためである。その結果，アメリカの子供たちを集団で行動させることはスポーツでもないかぎり不可能に近い。

アメリカ人は本来，何らかの目標を定めて競争させるとき，あるいは新しい記録を達成するよう努力させる場合に，もっともよく働く。しかし規則をもうけてがんじがらめにして働かせようとするとき，すぐ嫌気がさして脱落する。型にはまる人間を軽蔑し，型にはまらないことこそアメリカ的と考えているからである。アメリカに進出する海外企業はそのことをよく理解しておく必要がある。

5.4 工夫の才と競争

アメリカ人は新大陸で厳しい自然に立ち向かうこととなった。自然は克服されなければならなかった。そこでアメリカでは工夫の才に富むことが強調された。建国時代の代表的アメリカ人であるフランクリンがまた工夫の才に富む人であったことはよい実例を供給した。その後アメリカ経済の生産性を高めるような技術革新がつづき，工夫の才に富む人たちは尊重され，成功への道を歩んだ。

初期のアメリカでは競争は直接人と人とのあいだの競争を意味していたのではなかった。人間は荒野を支配する運命をもち，自然支配におけるリーダーシップを獲得することにおいて競争すると理解された。

19世紀後半になって競争は本来の意味を失い，むしろ神聖化されることになった。ソーシャル・ダーウィニストの代表的経済学者ウィリアム・サムナーは，以下のように述べた。競争は人間が進化するためのもっともすぐれた，しかも唯一の方法であり，人間はすべて競争するべく生まれる。競争は適者を生存させる。それは文明の法則である。「われわれは競争による自由，不平等，適者生存の道を選ぶか，不自由，平等，不適者生存という道を選ぶかのどちらかである」。

しかし，競争が個人間や，多数の小規模な企業者間で行われているときはよかった。企業の規模が大きくなり，独占体が生じるようになると，競争が失われるのではないかという不安が広がった。19世紀の終わりから20世紀にかけて，アメリカでは激しい反トラスト運動が展開され，議会も諸外国にはるかに先がけて反トラスト法を成立させたが，それらは経済的能率とともに，競争の回復，セルフメイド・マンの機会の国への復帰という性格をもっていた。この点は独占を必ずしも悪と考えてこなかったヨーロッパ諸国や日本との大きな違いである。

現在でもアメリカはまだまだ競争的な社会である。アメリカを競争社会にしているのは，基本的には個人のあいだの能力と工夫の才の競争である。競争には勝者があり，敗者がある。アメリカ人は競争に敗れたとき，自分の敗北は社会が悪いせいだなどということは言わない。あっさりと敗北を認め，意気消沈することなく，新しい活動領域をもとめ，新しい競争に従事する。それがアメリカというものだと彼らの大部分は考えているのである。

アメリカ人の工夫の才がもっともよく発揮されたのは高等教育の面であった。アメリカはヨーロッパの大学理念と制度を受け継いだが，それをまったく異なる独特のものに変えてしまったのである。大学はアメリカにおいて大衆のものになると同時に，真理を求める場所からあらゆる種類の理論的実際的研究が行われるところになり，コモン・マンにノウハウを与えるところとなったのである。

5.5 変わりゆく平等の概念

平等はアメリカの建国理念のひとつであったが，きわめて抽象的な概念で，その意味するところは時代とともに変わった。建国当初の平等はだれも生まれながらに身分や特権をもってはいないということであり，勤勉に働くならば，だれでも自分で耕す土地をもちうるということであった。統計的に実証することはできないが，そのころの所得分配は工業化されたのちのアメリカに比べれば，はるかに平等であったと想像される。

工業化がすすむと機会の平等が強調された。出発点が同じならば，結果の

不平等は人びとの能力の反映であり，だれもそれについて文句をいう筋合いはなかった。19世紀のリベラル（進歩）派たちも，機会の平等の徹底に力を注いでおり，教育機会の平等や高率の相続税などを主張していた。

平等の概念が大きく変化したのは，ニューディール期であった。ニューディール期には，はじめてグループとしてのアメリカ人のあいだの平等が考えられたのである。すなわち経営者グループに比べて農民グループと労働者グループとが平等ではないと考えられ，農業調整法やワグナー法によって不平等と考えられるグループに対して援助が与えられたのである。

1960年代になると，多くのアメリカ人は機会の平等，グループ間の平等だけでなく，結果の平等をも主張しはじめた。ジョンソン大統領の「偉大な社会」プログラムや「貧困戦争」は，アメリカ人ならば当然享受すべき生活水準をすべての人に与えようと考えたものである。

しかし，結果の平等はたいていのアメリカ人にとって容認しがたい平等であった。結果の平等は他の伝統的な価値観，工夫の才と競争，セルフメイド・マン，勤勉と節約などと矛盾するように思われた。今日では機会の平等への回帰が認められる。

6．経済の枠組み

経済学の立場から見れば，アメリカ経済も日本経済もその構造は同じである。たとえば，その意味をGDPの概念をもちいて説明しよう。

まず，アメリカの実質国内総生産（GDP）は2008年に14兆3,691億ドルであったが，不況の影響で09年には14兆1,190億ドルへと減少した。

つぎに，日米の相対的な規模を比較しよう。内閣府『国民経済計算年報』（2007年版）によれば，世界のGDPは48兆2,827億ドルであり，日本は9.1％，アメリカは27.2％のシェアを占め，アメリカのGDPが日本の3倍であることがわかる。そして，人口は日本が1.2億人，アメリカが2.5倍の3億人であるから，アメリカの一人あたりGDPは日本の1.2倍であることがわかる。

ここで，国民総生産（GDP）≡国民総所得（GDI）≡国民総支出（GDE）という国民経済の三面等価という関係は両国で成立するから，経済の需要サイド（GDE）に注目すれば，2009年の構成要素とシェア（%）は以下のようになっている。

GDE＝民間消費支出（70.8）＋民間投資支出（11.3）＋政府支出（20.6）＋（輸出－輸入）（－2.7）

同様に2009年の日本の需要サイドの構成項目とシェアは以下の通りである。

GDE＝民間消費支出（58.1）＋民間投資支出（16.8）＋政府支出（23.2）＋（輸出－輸入）（3.0）

ここからわかるアメリカ経済の特徴は以下の2つである。第1に，アメリカ経済は日本経済に比べて外需（輸出―輸入）への依存度が低いことである。右辺第3項までを内需，第4項を外需と区分すると，第4項の黒字は日本経済が外需に依存していることを表わしている。アメリカの場合，第4項のマイナスは貿易の赤字を示しており，アメリカ国民は世界各国の財を購入していることになる。第2に，民間支出の比率はアメリカが82.1%，日本が74.9%であるから，アメリカ経済のほうが政府部門への依存度が低いことがわかる。

第7章で詳述するが，貿易赤字は企業経営上の黒字，赤字と同様の判断をすべきではない。アメリカの輸入は国民による外国製品の購入を意味し，その分，外国からの輸出が伸びているわけだから，外国のGDPは増加し，外国で雇用機会もつくられているのである。

誤解を恐れずに例示すれば，以下のように言うことができる。1990年代後半，日本やEU諸国の景気が悪いときに，アジアでは金融危機が発生し，アジア諸国の通貨は軒並み暴落した。当時，アメリカは長期的な景気拡大のなかにあった。通貨下落はアジア諸国の輸出価格の下落につながるから，その分，輸出財の価格競争力が高まり，アメリカへの輸出額は増加した。他方，アメリカの貿易赤字は拡大した。つまり，アメリカの経済成長によってアメリカの輸入が増えるため貿易赤字は拡大するが，それは外国の輸出の増加＝外国の経済成長をもたらしているのである。

また，本書ではたびたび寄与度というタームを用いている。これは，経済成長に対する消費や投資の寄与の程度を示すもので，何が経済の停滞や成長をもたらしているのかを明らかにするものである。たとえば，民間消費支出（C）のGDP成長率に対する寄与度は〔$(C_{t+1}-C_t)/GDP_t$〕と表すことができる。

図1-4にはアメリカの2007年以降の四半期ベースの経済成長率と項目別の寄与度が示されている。いわゆるリーマンショックの発生は2008年秋であるから，08年第3四半期（08Ⅲ）である。ところが，アメリカ経済はすでに08年第1四半期（08Ⅰ）からマイナス成長に陥っていたことがわかる。サブプライムローン問題（第9章で詳述）によって住宅投資は07年からマイナスであったが，個人消費がそれを補っていたし，07年第3・4四半期には貿易の黒字（輸出−輸入）が経済成長を支えたことがわかる。この時点では輸出が伸びており，アメリカ以外の国の輸入が増加していたことがうかがえる。ところが，翌年になると個人消費の勢いが鈍り，そこに設備投資の減

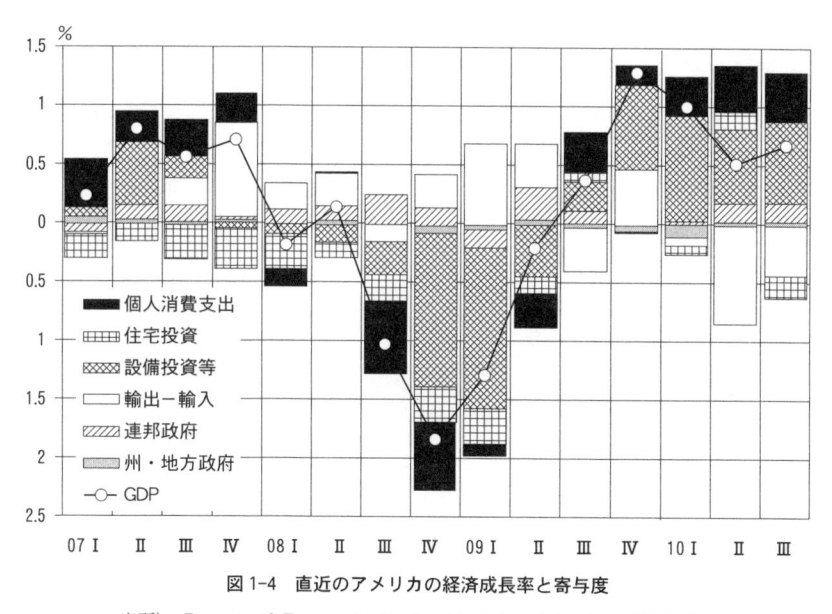

図1-4 直近のアメリカの経済成長率と寄与度

出所）Bureau of Economic AnalysisのHPよりDLして筆者作成。

少が加わったことがアメリカの経済の落ち込みの原因であった。

そして 2009 年になるとアメリカ経済が回復の兆しを見せたが，マイナス成長を脱したのは 09 年第 3 四半期であった。それ以降はプラス成長を続けているが，10 年になって再び成長率は鈍化してきている。回復に寄与しているのは，消費と設備投資であることもここから読み取ることができる。

このように簡単な四則計算のみでもアメリカ経済の動きを概観することができる。本書の狙いはここにある。アメリカ関連の文献を読むと，アメリカの特殊性を強調するあまり，アメリカのもつ普遍性が忘れ去られているように見える。そのひとつが経済の枠組みである。このような GDP のバランス式や四則計算だけでも経済構造を把握することができるし，簡単な日米比較もできる。さらにすすんで消費や投資という内需項目別にアメリカ経済を分析すれば，アメリカ経済の特徴を浮き上がらせることができる。

本書はそのような発想にもとづき，アメリカの経済問題や経済政策を経済学の簡便な道具を用いながら解説しようとしている。読者がアメリカの普遍性に気づかれ，アメリカの別の顔を発見していただくことを期待する。

第2章
戦後の好況とアメリカの「ルール」

1. 第一次大戦後のアメリカ

　1913年から1921年の大統領はウッドロー・ウィルソンであった。彼は南部紳士で卓越した政治学者であり，プリンストン大学の学長をつとめた。歴代の大統領のなかでももっとも知的な人物で独自の政治理念をもち，理想主義者であった。1917年，彼は「世界を民主主義にとって安全なものにする」と論じてアメリカを第一次大戦への参戦に導いた。

　アメリカにとって遠いヨーロッパで戦争するというのはかつてない経験であったし，それが何を意味するかについての十分な理解もなかった。もちろん準備も整っていなかった。連邦政府はいくつかの産業を強制的に徴用し武器の生産にあたらせたが，それが十分な能力を発揮する前に戦争は終わっていた。

　輸送はもっと深刻な問題であった。アメリカの鉄道は私有私営であり全体的な体系がなく，戦時の兵員物資の輸送に適していなかった。そのため鉄道も連邦政府が管理・運営することとなったが，設備が一様でなく，その改善に5億ドルを超える新規投資が必要であった。海運の問題はいっそう深刻であった。戦前のアメリカの外洋海運はヨーロッパ諸国に太刀打ちできず，所有船舶も少なく，まったくと言ってよいほど非力であった。連邦政府は海運施設を管理・運営するだけでなく，急いで船舶を建造しなければならなかった。約2,000隻，1,500万トンが建造されたがアメリカ兵の多くはイギリスの船で海を渡った。

　表2-1はアメリカが関係した戦争の戦死者を，表2-2は戦費を推計したも

表 2-1　戦死者の推計

	戦死者 (1,000人)	その他の死者 (1,000人)
独立戦争	4.4	6.2（戦死者）
南北戦争	140.4	224.1
第一次大戦	53.4	63.1
第二次大戦	291.6	113.8
朝鮮戦争	33.7	2.8
ヴェトナム戦争	47.4	32
湾岸戦争	0.15	0.24

表 2-2　戦費の推計

	戦費 (100万ドル)
独立戦争	190
1812年の戦争	158
メキシコ戦争	147
米西戦争	6460
第一次大戦	112000
第二次大戦	664000
朝鮮戦争	164000
ヴェトナム戦争	352000

(出所)　*Statistical Abstract of the US 2004-2005*；アメリカ退役軍人省HP。

のである。これによれば，第一次大戦によるアメリカ兵の戦死者は53,400人，その他の死者を含めると116,500人に達した。戦費は約112億ドルだったと推計されている。

　1918年11月，ドイツは降伏した。ヨーロッパ列強や日本が自国の利益を追求したパリ講和会議のなかでウィルソンの理想主義はきわだっていた。ウィルソンの最大の望みは国際連盟の設立であった。彼は国際連盟によって世界に法と秩序がもたらされるのでなければ，軍備競争と領土拡大の時代は終わらないと考えていた。

　しかし，アメリカの有権者たちの関心は国内に移っていた。戦争は平和と民主主義をもたらさず，新しい不安定なパワー・バランスをもたらしたにすぎなかった。加えてロシアにボルシェビキ政権が誕生（1917年11月）し，世界に共産主義をひろめようとしていた。講和会議は国益を追求するハゲタカの争いの場とみえ，幻滅以外の何ものももたらさなかった。有権者たちはアメリカがヨーロッパや世界の問題に国際連盟というかたちで参画する必要性も必然性も感じることはなく，ウィルソンの懸命の努力にもかかわらず連邦議会は連盟加入案を否決した。

　もっともアメリカが国際連盟に加入しなかったからといって，経済の面で外国との関係が縮小したわけではなかった。戦争中に増加していたアメリカの国際貿易額は1920年以降には一旦落ち着いたものの，20年代を通じて着

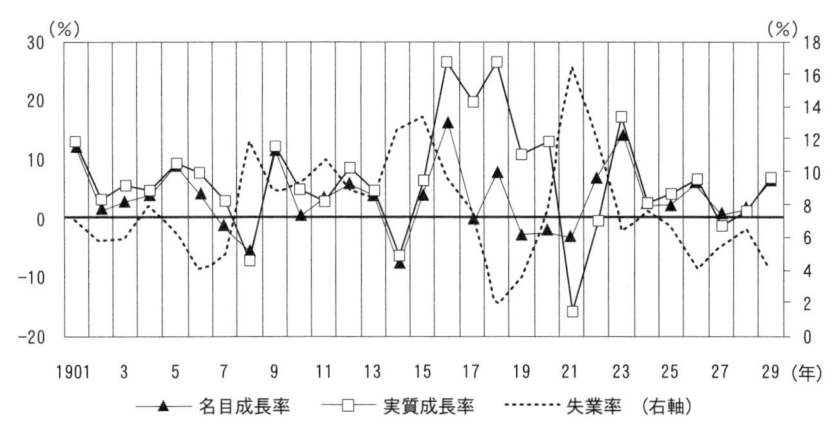

図 2-1　1920 年代以前の経済成長率と失業率

注）　失業率は非農業民間部門を対象。
出所）　*Historical Statistics of the US*, Table Ba 476, Ba 4364, Ba 4366より作成。

実に増加した[1]。

　戦争中の雇用は超完全雇用状態で失業率は1918年には1.2%であった。しかし兵士の復員もあって1920年には5.2%，1921年には11.3%にまで上昇した。連邦雇用局は復員軍人の再就職のために努力したが，予算を大幅に削減され，1919年1月以降は啓発運動をするのが精一杯となった。しかし1922年以降雇用は回復し，通常完全雇用と考えられていた水準（4〜5%）に戻った。そして大不況前夜の29年には2.9%であった。

　戦後もっとも広く論じられたのは鉄道問題であった。戦争中，人々はアメリカの鉄道の非効率性にあきれもし，連邦の管理運営下で大幅な生産性の向上があったことを認めて，多くの人は鉄道を鉄道会社に返すのではなく，ヨーロッパ諸国のように公有化すべきであると主張したのである。しかし議論が尽くされることはなく，1920年3月ウィルソンは鉄道の管理権を以前の経営者に返還した。海運は軍事的にも重要と考えられ，1920年には

---

[1]　財・サービスの輸出額は1921年の55億ドルから1929年の70億ドルへ，輸入額は34億ドルから59億ドルに増加した。戦争中の大幅な貿易黒字とカナダやラテンアメリカなどの旺盛な資金需要のためにアメリカの海外投資が増え，第1次大戦中にアメリカは債務国から債権国に転換していた。

ジョーンズ商船法が議会を通過し，多くの助成策が採用された。海運業は20年代末に束の間の繁栄をみたものの，伝統あるヨーロッパの海運業と競争することは困難であった。

そのほか，戦争中に連邦政府の管理下におかれた工場なども所有者に損にならないかたちで返還された。

2．ロウリング・トウェンティーズ

アメリカで1920年代について書かれた書物を読むと，それが専門の歴史家の手になるものであっても，いささか上っ調子で，筆が走りすぎ，読んでいて楽しいが深みに欠けるという感じがある。それらによると，20年代は「ジャズとサキソフォンとチャールストンの時代」であるか，「禁酒法とアル・カポネの時代」であるか，「株式とマイアミにおける土地投機の時代」であるか，「広告とセールスマンと自動車の時代」であるようにみえる。そして当時のアメリカ人はまるで，株式市場で何百万ドルももうけ，新しく購入した屋根つき自動車で休暇旅行にでかけるか，毎晩のように「フラッパー」（おてんば娘）たちと闇酒場で「バスタブ・ジン」（風呂場で合成されたような闇酒）を飲み，そのころニューオーリンズから北部にひろがったばかりの「ジャズ」に耳をかたむけ，チャールストンで踊り狂うような生活をしていたようにみえるのである。

そのような歴史記述のスタイルが，1931（昭和6）年に出版されたフレデリック・ルイス・アレンの名著『オンリー・イエスタディ』（藤久ミネ訳，研究社刊）の影響をうけたものであることは疑いない。もちろん20年代にフラッパーはいたし，サキソフォンや屋根つき自動車がなかったわけではない。しかし，陽気で享楽的な20年代という記述は，1930年代のアメリカとの対比において存在しうるのである。後述するように，30年代は大不況のもとで憂鬱と絶望とがうずまいた灰色の10年だったからである。

21世紀の今日になって，当時のアメリカを冷静に考えなおしてみると，フラッパーやサキソフォンやバスタブ・ジンをこえたところに何かが，いわ

ばアメリカ史のひとつの大きな転換期があったように思われるのである。

連邦レベルで禁酒をめざした憲法修正第 18 条は 1917 年 12 月に連邦議会を通過し，19 年 1 月に第 36 番目の州で批准され，成立した。同年 10 月，憲法を実施するためヴォルステッド（Volstead）法が成立した。こうして 1920 年から 33 年まで，0.5％以上のアルコール分を含む酒精飲料の製造，販売，運搬，配達が禁止されることになった。しかし，個人所有は認められており，施行以前の偽ラベルが貼られた酒が密造され，それが民家に貯蔵された。

理想主義者ウィルソンは，飲酒の効果的な禁止は可能であり，のぞましいと信じていた。そこで禁酒法が制定された。世界にも稀なこの法律は 1933 年に廃止されたが，人間社会と人びとの嗜好についてあらためて考えさせる契機となった。まず，人間の嗜好を法あるいは規制によって制限することができるのか，という疑問が生じる。しかも，アルコールが正常財であるとすれば，20 年代の所得上昇とともに消費が増えるのが経済原則である。アメリカの統計集である *Statistical Abstract of the US* をみると，1917 年にアルコールの 1 人当たり消費量は蒸留酒で 1.62 ガロン，ビールで 18.17 ガロンあったものが，翌年にはそれぞれ 0.87 ガロンと 14.87 ガロンにまで減少している。さらに，その後も消費量は減少し，1922 年を最後に統計が公表されなくなった。しかし，別の研究によれば，アルコール消費は禁止された翌年には 30％程度に減少したものの，その後の数年で 60〜70％に戻っているという指摘がある。

また，図2-2 のような統計もある。飲料用アルコールと産業用アルコールは厳密に区分されていたとはいえ，産業用アルコールの生産量と価格には興味深い動きが認められる。蒸留アルコールの生産量は 1917 年からの 2 年間で 65％減少し，22 年に最低値を記録した。ところが，その後の生産量は徐々に増加し，禁酒法の撤廃を受けて 34 年のそれは 33 年の 2 倍となった。産業向けの原材料エチルアルコールの卸売価格も 19 年には対前年比で 2.68 倍に跳ね上がり，その後もよく 0.5 ドルを上回った。しかし，30 年代の価格は低水準で推移した。景気拡大の影響があるにせよ，データはさまざまな観

34　第2章　戦後の好況とアメリカの「ルール」

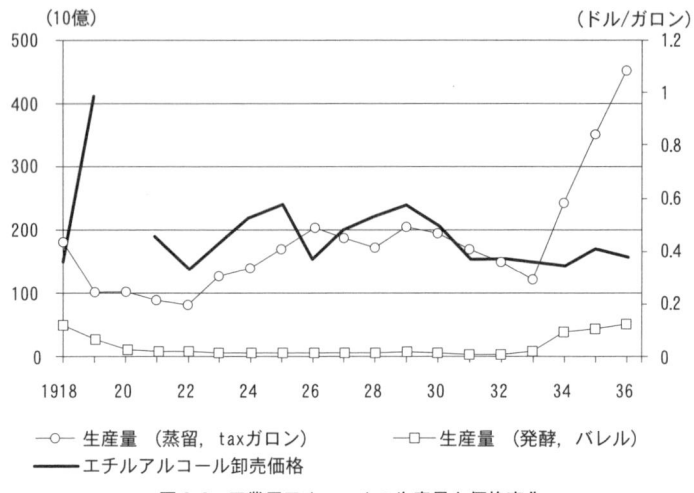

―○― 生産量（蒸留，taxガロン）　―□― 生産量（発酵，バレル）
―― エチルアルコール卸売価格

図 2-2　工業用アルコールの生産量と価格変化

出所）　*Statistical Abstract of the US* より作成。

写真1, 2　ケンタッキー州のバーボンウィスキー蒸留所（右には赤い封蝋の道具がある。）

【解説】ケンタッキー州内には多くのバーボンウィスキー工場がある。ウィスキーの原料となるライ麦は育たないため，とうもろこしがその主原料となった。アパラチア山脈の地形は密造に向いており，1791年成立の酒税法から逃れるためにここが選ばれたという。醸造場は匂いがするため，人里離れたところが適地なのである。Kentucky Moonshine の名前はここからきている。もちろん，写真の会社と密造とは無関係である。

点を提供してくれるが，これも禁酒法というトピックがあるからである。

3．自動車の普及

1922（大正11）年から29（昭和4）年は，第二次大戦後の1960年代と20世紀最後の10年を除くと，アメリカ史上経済的にもっとも繁栄した時期であった。

1920年代の繁栄を支えたのは，ラジオ，家庭用電気製品，自動車などの耐久消費財であった。アメリカで最初のラジオ放送が行われたのは1920年，ハーディング大統領の当選を知らせるニュースであったが，1929年にはアメリカの家庭の5分の2がラジオを所有していた。1912年には電気が普及していた家庭は全体の6分の1にすぎなかったが，15年後の1927年には3分の2に達した。

図2-3は自動車登録台数と舗装道路延長を示している。1910年に47万台であった自動車登録台数は，20年には923万台，29年には2,650万台と

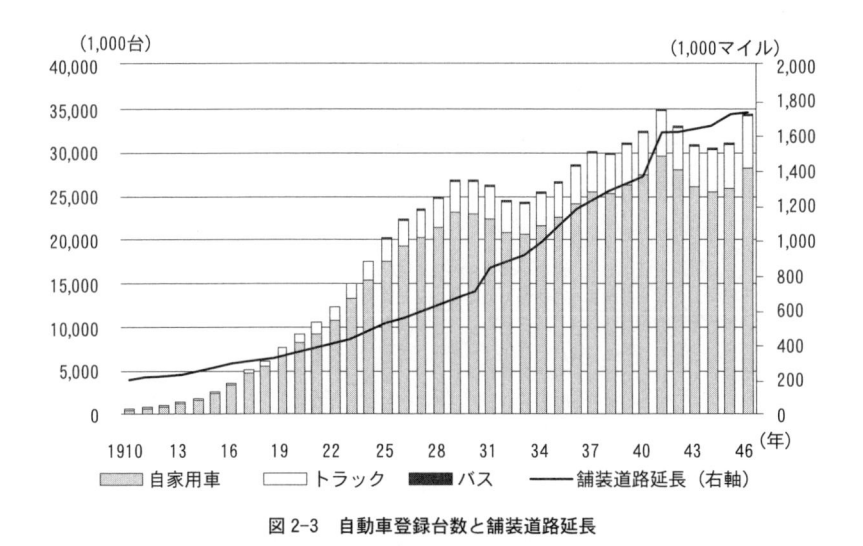

図2-3　自動車登録台数と舗装道路延長

出所）*Historical Statistics of the US*, Table Df 184, 339-342 より作成。

なった．自動車は所得が増加すれば消費が増えるという上級財であり，戦後のGDPの増加は可処分所得を増やし，家計の消費は自家用車に向かった．

アメリカにおける自動車の発達と普及は，ヨーロッパ諸国，とくにフランスに遅れをとった．20世紀初頭，アメリカには約8,000台の乗用車があったが，その半数はヨーロッパ製であった．アメリカ人の大部分は乗用車を馬車鉄道や電気鉄道にかわりうる交通手段として見ておらず，せいぜい自転車の延長か，大人のおもちゃと考えていた．

20世紀初頭の都市間交通，都市内交通の主役は電気鉄道であり，その軌道はアメリカ中に広がっていた．今日でも自動車をautomobileというのは，それがフランスからの輸入であったからである．多くのアメリカ人は乗用車のことを「馬のない馬車」（horseless carriage）と呼んでいた．乗用車のエンジンはいまでは考えられないほどやかましい音をたて，人の目をひいた．そのエンジン音は当時どこにでもいた馬をおどろかせ，自動車の車輪は舗装のない都市や郊外で埃をまきあげた．アメリカの多くの都市ではイギリスの先例にしたがい，自動車のスピードを時速4マイルに制限し，「赤旗をもった人が自動車の前を走って先触れをするべし」とする法律をとおした．

いまひとつの大きな問題は，自動車が通る道であった．第一次大戦前にはいったん都市をはなれると，舗装された道路はほとんどなく，都市間には舗装された道路はまったくないといってよかった．多くの道路は比較的平らな通り道にすぎなかった．道路標識もなく，いったん町を出るとどこを走っているのか，定かでないことが多かった．ランドマクナリ社やその他の地図会社が小さな自動車用の道路マップを出版していたが，それにはカーブや目印になるもの，橋や通り道の住居なども書かれていた．ガソリンスタンドやサービス・ステーションももちろんなかった．運転はまさに冒険だったのである．

都市内道路にはコブルストーン（丸型石）をうめこんだ舗装道路もあった．しかし，コブルストーンの道路は運転のスムーズさに欠け，騒音をいっそう大きくした．道路上に切り株が残っていたりすると馬車はそれをうまく

避けて通れたが，自動車は立ち往生しなければならなかった。

　ウッドロー・ウィルソンは1906年に，自動車は金持ちに対する嫉妬をひろげ，社会主義をもたらすと論じた。自動車に対する批判は新聞や雑誌で1920年ごろまで繰り広げられた。自動車による旅行は最後の荒野をゆくのと同じであるとか，それは世界でもっとも興奮度が高いスポーツであるとか，自動車産業ほどこの世で重要でない製造業はないとか，それは閉鎖されるべきであるとか，自動車こそ不便の象徴であると論じられた。

　しかし，アメリカでも重要な交通革命が生じつつあると考える人たちもいた。フランスとちがって，アメリカでは低価格の庶民のための乗り物をめざした自動車会社が1908年までに24社も存在したからである。

　ヘンリー・フォードはガソリンエンジンを発明したわけではなかった。彼は自動車技術の発展に大きな貢献をしたわけでもなく，普通人のための経済的な車をつくろうとした最初の人でもなかった。しかし1908年，いわゆるモデルT（T型フォード）ができてから以降，彼は伝説の人となった。今日でも彼は近代産業技術の創始者のシンボルであると考えられている。フォードは1914年にミシガンのハイランドパーク工場でアセンブリ・ラインを創設した。1919年にはリバールージュに大工場を建設した。こうして自動車製造業は大企業となった。

　1910年に950ドルだったモデルTは，1924年には290ドルとなった。この間，賃金や価格は上昇していたため，1924年には平均労働者2カ月分の給料で自動車が買えるようになった。自動車登録台数は著しく増加した。1920年までにアメリカは完全にヨーロッパ諸国を追い越し，1930年までに5人に1人が乗用車を保有することになり，アメリカは世界最初の自動車文明に突入した。

　自動車は個人の所有物であった。しかし，その所有者は公的なスペースのうえでそれを運転しなければならない。鉄道や市街電気鉄道は自分たちの軌道を建設し，その上を走っていた。自動車交通の発展は行政にとって未知の世界であった。選択肢は基本的にふたつであった。ひとつは道路使用者に対

して道路を維持し拡張するに十分な使用料を課すことであった。いまひとつは，私的交通を維持するために一般税収を使うことであった。結局のところ後者が採用されることになった。それは自動車交通の便益が理解されたことやインタレスト・グループからの圧力によるものであった。しかし1920年以降，政府による道路投資が急速に拡大したのは，すでに述べたように，第一次大戦中に明らかになった鉄道輸送の非効率性のためであった。軍事物資の輸送を鉄道にゆだねざるをえなかった第一次大戦中に，鉄道は役立たずという人びとの認識がひろがってしまったのである。

都市内の馬の数を減らすということは，公害防止の観点から善であると考えられた。馬糞に比べれば自動車の排ガスはクリーンで，馬糞排除のコストをも下げた。したがって都市内道路の整備は自動車保有者だけでなく，市民全体にとってプラスであると考えられ，税金が使われることに大きな反対はなかった。地方自治体は舗装する前に新しいルートを決定し，木の幹や岩を取り除き，泥や埃のせいで凸凹になった道をならす必要があった。舗装の方法は当然3種類あった。ひとつは昔からのコブルストーンであり，いまひとつはアスファルトであり，そしてもっとも堅固な舗装はコンクリートであった。

道路の状態は20年代には徐々に改善され，1929年には60万マイルの道路が舗装された。それは都市と田舎との生活様式の格差を縮小させることに役立った。ニューヨークのサラリーマンはフロリダに別荘を購入し，そこにドライブででかけるようになったのである。こうして自動車と電気製品にかこまれた現代生活は，1920年代のアメリカではじまった。

図2-4には新築住宅戸数と単位当たりの建設コストが示されている。1918年には11.8万戸にまで落ち込んでいた住宅着工数は，21年には44.9万戸，25年には93.7万戸にまで上昇した。所得の増加は住宅投資もうながし，ルーラルエリアの住宅も増加していることから，ここからはアメリカの郊外化のさらなる拡大をうかがうことができる。郊外の住宅から都心に車で通勤するサラリーマンの姿がそこにあった。

耐久消費財の販売にあたっては，広告とセールスマンと消費者信用が活用

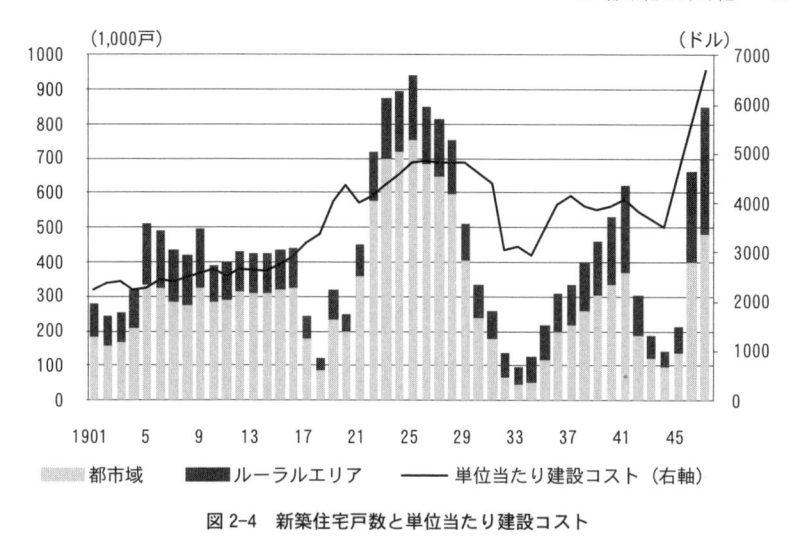

図 2-4 新築住宅戸数と単位当たり建設コスト

出所）*Historical Statistics of the US*, Dc 514, 515, 523 より作成。

された。それらは需要を拡大する方法であった。広告のメディアには雑誌や新聞のほかに，ラジオが新しく加わった。セールスマンはアメリカの新しい職業として大いに喧伝された。1925 年に出版され，2 年間もベスト・セラーをつづけたブルース・バートンの『知られざる人――イエス伝』では，イエスを「近代ビジネスの創始者」とよび，広告の天才，偉大なセールスマンであったと論じている。

4．都市化と郊外化

都市間交通についてはウイリアム・K．バンダビルドがロングアイランド自動車専用道路をつくったのが最初である（1906〜11 年）。その道路はコンクリートでつくられ，スピードは自由であり，通常の道路と分離するために橋やトンネルをつくり，料金所をそなえた自動車専用道路であった。つづいてブロンクス・リバー・パークウェイが着工され，1923 年に完成した。20 年代になるとニューヨーク地域ではハッチンソン・リバー・パークウェイ

(1928年)，ソーミル・リバー・パークウェイ（1929年），クロス・カウンティ・パークウェイ（1931年）が建設されて，本格的な都市間の自動車専用道路が建設されていくこととなった。

都市地域とルーラルエリアの人口比は1900年から1930年のあいだに大きな変化をとげた。都市地域の人口が大幅に増え，1920年には都市地域の人口がルーラルエリアの人口を上回った。都市地域の人口増加の理由をすべて交通に求めることはできないが，交通の発達がなければこれほど急激な都市化は生じなかったにちがいない。

都市化にとって重要な要因のひとつはトラック輸送の発達である。1905年には1.4万台しかなかったトラックが1930年には367万台に増えている。トラック輸送が発達したことによって物資の市内搬入コストが低下し，しかも物資の供給先が多様化することによって，都市そのものの拡大に貢献したと考えられる。トラックは直接住宅の立地に影響しなかったかもしれないが，中心部と郊外を含めた都市地域全体の拡大を促進したのであった。トラックの増加は都市部よりはルーラルエリアにおいて大きかったが，その利用形態はルーラル－ルーラルの輸送ではなく，ルーラル－アーバンの輸送であった。

トラック輸送の発達は企業立地にも変化をもたらした。ボストンを例にとると，1909年から1919年の間に中心部（ボストンコモンから2ないし6マイル）の製造業の雇用は，それより遠い地域の製造業の雇用よりはるかにはやい勢いで増加していた。しかし，1915年から1930年には雇用の分散化がはじまった。よりよい道路と物資集散の新しい方法が郊外での操業を可能にし，そこにより効率的なレイアウトの1階建て工場が数多く建設された。1920年から30年のあいだに都心部に立地する工場の被雇用者の割合は，人口10万人以上のすべての都市で減少した。

倉庫や配送センターが工場の移動にともなって都市周辺に立地するようになり，1925年以降，鉄道からトラックへ輸送手段の主役が移るにつれ，新しい工場の建設が加速した。ニューヨークでは食料品，肉，酪農製品，重機械，木材，宝石，貴金属等の産業はマンハッタンから郊外やニュージャー

ジー州北部の衛星都市に広がっていった。

　個人馬車にとってかわった自動車は，馬の数をさらに減らした。1910年から1920年のあいだにニューヨーク市の馬の数は12.8万頭から5.6万頭へ，シカゴでは6.8万頭から3万頭へ，ボルティモアでは1.5万頭から7,000頭へ，クリーブランドでは1.6万頭から4,000頭に減少した。

　道路が建設され，自動車が普及してくると扇形にひろがっていた電気鉄道間の低利用地が住宅地として活用されはじめた。いわば電車の線から道路の面への土地利用の展開であった。しかし，特徴的なことは自動車による郊外化が一軒あたり土地の大きさを増やし，密度の低い住宅の展開につながったことである。住宅密度の低下は，フィラデルフィア，クリーブランド，ボストン，デトロイト，ロサンゼルス，アトランタ，デンバーおよびヒューストンなどの都市で1900〜30年までのあいだに集中的に生じている。新しい郊外地に一戸建住宅が多く建てられたためである。1940年以降は密度の低下は小さくなり，安定的となっている。密度の低下は公共交通が利用できる地域に比べて，扇形の中間地の地価が比較的安かったためであると思われる。電車による通勤は自動車による通勤よりも相対的にコストが低く，かつ駅周辺には商業集積ができ，その地価は高かったのである。一軒あたりの土地は，ストリート・カー・サバーブにくらべてオートモービル・サバーブの方が平均すると約5：3の割合で大きかったといわれる。製造業の移転と住宅の郊外化のために都心の住宅やビジネスの多くは，駐車場やサービス・ステーションに変わっていった。

　より広い土地が利用できるようになって住宅そのものも変わりつつあった。道路脇に建っていた住宅には公的空間と私的空間との緩衝地域が必要で，パーラと呼ばれていたスペースは，そのために必要な玄関の役割を果たしていた。より広い土地に建つ住宅にはフロント・ヤードがあり，パーラはフロント・ルームになり，お客を接待するために使われるようになった。

5．「アメリカン」への自覚

　1920年代には，「ナショナル」とか「アメリカン」という言葉が数多く使われた。アメリカ語で「ナショナル」というのはたいていの場合，ローカルに対比される言葉で全国的という意味である。1920年代にいたってようやくアメリカ人はひとつの国民として成立したように思われる。それはふたつの意味においてであった。

　ひとつは地域性の減退である。周知のようにかつてアメリカは，たがいに異なる13の国であった。またアメリカは長いあいだ，東部，南部および西部という3つのセクションにすぎなかった。鉄道の発達，とくに南北戦争後の大陸横断鉄道の完成はこれらの地域性を多少とも減少させたが，20年代におけるラジオ，自動車，道路および電信の普及は，地域の壁をくずし，ひとつの国としてのアメリカを成立させることとなった。

　いまひとつは人間の面であった。第一次大戦中アメリカ軍の兵士のなかには，英語でだされる命令さえ理解できない者が少なくなかった。20年代にはアメリカ化運動が盛んに行われたし，以下に述べるように移民制限も実施された。多様な人種がひとつの国民を形成するためには，言葉の統一のほかにイデオロギーが必要であった。ウィルソン大統領が，第一次大戦に参戦するにあたって，「世界を民主主義のために安全にする」と述べたとき，民主主義はひとつのイデオロギーとなった。

　アメリカ国民の成立はいろいろなかたちでアメリカ人の行動に示された。戦後まもなく生じた「赤」の驚異やサッコ＝バンゼッティ事件もそのひとつのあらわれであった。それは社会主義体制に対するおそれよりも国際組織に属する人たちに対する嫌悪感にもとづいていた。国際組織に属する人は，アメリカよりも国際組織に対して忠誠をつくすであろう。したがって完全なアメリカ人ではありえないというのである。

　20年代に200万人ものメンバーをもつようになったクー・クラックス・クラン（KKK）も，当時においては黒人抑圧の暴力が主眼ではなく，「100

パーセント・アメリカニズム」の実現が目標であった。そして禁酒法でさえ，アメリカ人が，自らの欲するところを自分たちで定める，ということの表現であったとみることができる。20年代のアメリカ人の一見狂気にみえるこのような行動は，成立したばかりのアメリカ国民の若気のあらわれであったということができよう。

　1924年には新しい移民法が成立した。移民を制限しようという動きはそれ以前にも存在したが，この法律は移民の総数を毎年15万人に限定し，各国への割当数を1890年の国勢調査における各外国生まれのアメリカ人の2％以下と定めたものであった。その結果，東欧とアジアからの移民はほとんど締めだされることとなった。日本はこの法律が人種差別的であるとしてアメリカに対して激しく抗議した。

　しかし，アメリカが厳しく移民を制限した意味は別のところにあった。アメリカはもともと移民によって成りたった国である。それぞれの時代において移民たちはアメリカの経済社会に応分に貢献し，それがアメリカの活力の源となったし，アメリカの自然と社会はいつでも移民たちを受け入れ，吸収するだけの力をもっていた。移民法の成立はアメリカ人が自分たちの社会が成熟したと考えるようになったことを意味した。同時にそれはアメリカの産業構造が変化したために，最下層の肉体労働者の必要性も低下したことを意味したのである。アメリカは変わったのであった。

6．クーリッジとフーバー

　1923年8月，政権の汚職が摘発され，腐敗のうわさが広がるなかでハーディング大統領が死んだとき，副大統領のクーリッジはバーモント州の父の農場にいた。田舎の治安判事であった彼の父が，ランプの光のもとで，クーリッジ大統領の宣誓をつかさどった。

　クーリッジは筋骨たくましく，苦虫をかみつぶしたような顔をして，笑うこともめったになく，がんこで，無口で，ケチで，ニューイングランドのピューリタンそのものであった。彼は大統領の給料の大部分を貯金した唯一

の大統領であったともいわれている。警護の男たちから，よく5セント貨を借り，返すことを忘れた。

　彼が大統領であった1923～29年には，国内的にも国際的にも大きな問題はなかった。経済は繁栄しており，世界は平和で，国際連盟に加入せず孤立主義的な立場を維持したアメリカには，国論を二分するような外交問題はなかった。

　ケチで口数まで節約したとされるクーリッジは母校の創立100周年記念式典へのメッセージを依頼されたとき，「コングラチュレーション」という一単語の祝電を打ったと言われている。そのクーリッジのもっともよく知られている言葉に，「アメリカのビジネス（仕事）はビジネス（実業）である」というのがある。それがどういう意味だったかは十分に明らかではないが，よく誤解されるような自由放任資本主義を意味しなかったことは確実である。政府には役割があり，その役割とはビジネスが生産性を向上させ，繁栄をつづけうるような基盤を整えることであった。そして，その政策の立案実行者はハーディング，クーリッジ両大統領のもとで商務長官をつとめ，1929年に第31代大統領となったハーバート・フーバーであった。

7．経済の新機軸

　フーバーはアダム・スミス以来の自由主義経済を信じていなかった。技術者出身の彼には競争はあまりにも無秩序で不合理に見えたのである。また，フーバーは第一次大戦の経験を忘れることができなかった。ウィルソンのもとで食糧庁長官をつとめた彼は，軍需生産を容易にするための連邦政府による産業の管理・指導が著しい生産性向上をもたらしたことを知った。たとえば，戦前自動車のタイヤには287の異なったサイズがあった。それが戦時産業局によって9種類に統合され，その後の自動車関連産業の発展につながった。つまり個別企業の合理化は個別企業にゆだねるにしても，産業全体の合理化が必要であり，それには政府の指導が欠かせないとフーバーは考えたのである。そして商務長官として彼はその考えを実行に移したのであった。

50年代はじめに出版された回顧録でフーバーはビジネスを管理するのは政府の機能ではない。しかし「経済に関する情報を集めて配布し，経済の経済的科学的問題を調査し，経済的失敗に対する回復策や進歩への道を指摘し，協同の行動を示唆し援助すること」は，政府が行うに値する活動であると述べている。

　フーバーは多くの技術者がそうであるように需要や価格に注目せず，サプライ・サイド（供給側）のみを考えていた。そのため，彼を中心に実施された政策もまたサプライ・サイドの論理にもとづいていた。以下に政策のいくつかを述べよう。

(1) 減税政策：1921年から高所得者に対する減税が実施された。減税の立案者であったメロン財務長官は，大きな富への低い税は新投資をもたらすために必要であり，新投資こそもっと多くの仕事をもたらし，経済をいっそう繁栄させると論じた。この減税は後述するケネディ減税とは異なり，企業の投資促進を目的としていたことに留意しなければならない。

(2) 支出政策：連邦支出は縮小したが，減少した支出項目は，福祉，健康，公共事業に関するものであった。商務省の活動や海運会社への補助金といった企業援助支出は増加した。禁酒法に関する取り締まりなどの費用も増加した。

(3) 独禁法適用の緩和：フーバーは同業組合を奨励し，産業会議を招集し，価格競争を少なくしようと努めた。法務省は1910年代以前とは異なり，厳格な反トラスト法の執行や規制をさしひかえた。

(4) 高関税政策：1922年9月に新たな関税法が成立したが，それは高関税政策の最たるものであった。ハーディングとクーリッジ時代には37回にわたって関税率が変更されたが，5回を除いてすべて引き上げられたのであった。

　　図2-5には1900年を100とした輸出入額と輸入額に対する関税額（％）が示されている。1920年を境に輸出も輸入も減少し，その後20年代には微増したが，結局戦前の水準には戻らなかった。しかも，30

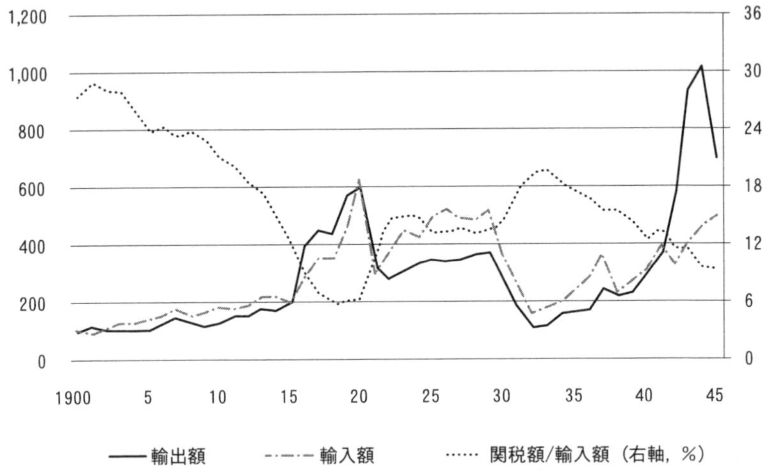

```
1,200                                              36
1,000                                              30
  800                                              24
  600                                              18
  400                                              12
  200                                               6
    0                                               0
     1900   5   10   15   20   25   30   35   40  45
```

――― 輸出額   ―・―・― 輸入額   ……… 関税額/輸入額（右軸, %）

図 2-5　貿易額と単位当たり関税（1900 年＝100）

出所）　*Historical Statistics of the US*, Ee 365, 424, 429 より作成。

年代には輸出入ともに急速に縮小したことがわかる。それに対して関税は 20 年代に急激に上昇し，30 年代にはさらに上積みされている。関税の上昇は輸入財の価格を上げる。1930 年代以降のアメリカは内向きになり，世界各国が関税を引き上げるいわゆる「ブロック化」の特徴がここにあらわれている。

(5) 輸出振興：ハーディングは，アメリカの企業は「平和的な通商上の世界征服にすすまなければならない」と述べたが，この時期アメリカは輸出の拡大と海外資本投資に積極的であった。その結果，図 2-5 のとおり，輸出額は徐々に増加したのである。

(6) 商務省は技術者や経済学者を雇い，ビジネスに役立つ情報を集め，経済的科学的問題を調査してその解決策を見出す研究部門を設置した。ほかの省庁もそれにならった。これ以来連邦政府のこのような役割は今日まで続いている。

8. 繁栄とその終わり

　1920年代のアメリカ経済は繁栄していた。名目国民総生産は1921年の696億ドルから1929年の1,031億ドルと8年間に1.48倍となった。1人あたりの名目国民総生産も，同じ時期に641億ドルから847億ドルと1.32倍になっている。この間に価格は多少とも下落したので実質は前者が1.59倍，後者は1.42倍である。失業率は22年6.7％，23年2.4％，24年5.0％，25年3.2％，26年1.8％，27年3.3％，28年4.2％，29年3.2％と低い水準を維持した。

　もっとも繁栄の程度は部門により，また産業によってまちまちであった。農業は戦後の不況から立ち直ることができなかった。生産コストが上昇する一方，需要が停滞した。機械の導入などによって最適生産規模が増大したにもかかわらず，農家の平均耕作面積はそれほど拡大しなかった。織物業も不況に陥った。女性のスタイルの変化（ロングドレスから短いスカートへ）とレーヨンの普及が主な原因であった。1928年の婦人服一式に必要な布地は10年前の半分にもならなかったのである。石炭業も万年不況であった。室内暖房用燃料がほかの燃料にとって代わられつつあったこと，鉄道の石炭需要もトラックや乗用車の普及とともに減少傾向にあったこと，零細な炭鉱が多く，コストに見合う価格を設定することが難しかったことなどが原因であった。

　1929年春，フーバーは大統領に就任した。よほどのひねくれ者でないかぎり，アメリカ人は繁栄の偉大な時代がくると信じて疑わなかった。しかし，1929年秋，株式市場が崩壊するとともにアメリカはその後10年にわたる大不況に突入した。そして20年代は終わった。

　そのなかにあって20年代に確立されたアメリカ的なもの，その生活様式—女性の口紅から耐久消費財まで—は変わることはなかった。そして何にもまして1920年代はアメリカ人のアイデンティティを確認し，強化する10年となり，その後アメリカは名実ともに一つの国として，そして無視できな

い強国として世界から認められていくこととなった。

第 3 章

大不況とニューディール

1. フーバーとルーズベルト

　大不況とニューディール，フーバーとルーズベルトについての歴史叙述には「神話」が少なくない。フーバーは自由放任主義（レッセ・フェール）[1]の信奉者で恐慌が生じてもなすすべはなく，「景気の回復は近い」と言うだけで不況をいっそう深刻化させた。一方，ルーズベルトは迅速かつ大胆に行動し，政府は公表されたばかりのケインズ理論にもとづいて経済に積極的に介入，種々の政策をつうじて景気回復を達成した。それはアメリカの進路をファシズムやコミュニズムにではなく第三の道（修正資本主義や混合経済ほか，さまざまな名前で呼ばれた）に導いた。マルクスが予言していたような資本主義の崩壊と共産主義革命への道でなく，資本主義の良いところを生かしつつ，その悪しき部分を修正したというわけである。
　この種の「神話」は恐慌とニューディールが過去の歴史の出来事となるにつれて次第に語られることが減ったが，2008年秋以降のアメリカの金融危機を契機に生じた不況とともに復活しつつあるようにみえる。しかし，神話の多くが，経済的事実ではなく，当時の多くの人たちの感情と歴史のイデオロギー解釈を代弁していたことは疑いがない。
　1929年3月，フーバーは疑いもなくアメリカでもっとも尊敬されていた

---

[1] 建国以来アメリカがレッセ・フェールであったことは一度もない。たしかに19世紀を通じて連邦予算の規模は小さく，経済に直接介入することはあまりなかった。しかし連邦は膨大な土地を保有していたし，郵便，貿易および通貨の維持等の憲法で与えられた権限を行使していた。さらに，そのころ政府といえば州政府のことであることが多く，州によって違いはあるものの，州は許認可権の行使，州債の発行および鉄道に対する援助など積極的に州内経済に関与していた。

人物であった。4年後の1933年3月，フーバーはあざけりと憎しみの対象であった。ホームレスが建てた木くずとダンボールの小屋はフーバー村と呼ばれていたし，彼らが少しでも暖をとるべく敷いていた新聞紙はフーバー毛布と呼ばれていた。生活条件の悪化とともに国民感情もすさんでいた。自殺や犯罪も増加した。

　しかし，フーバーが大不況に対して何もしなかったわけではない。彼がとった政策はニューディール政策の先駆的な役割を果たすものであった。余剰農産物の買い付けによる価格安定化の試みや財政難に悩む州への連邦資金の貸付けと公共事業の活性化，金融機関や鉄道を救済するための復興金融公社の設立などがそれである。それでも，経済は簡単に回復しなかった。フーバーは自由放任主義者ではなかったが，ヨーロッパで力を得ている全体主義を嫌い，政府がどこまで経済に介入してよいかに迷いをもっていた。また，自分が十分に納得しない，因果関係が明確でない事項には積極的になれない技術者的本能をもっていた。そのため，フーバーは不況に対して何もしなかったという印象をアメリカ国民に与えた。

　他方，ルーズベルトは天分に恵まれた政治ブローカーであった。弁舌さわやかで人をそらせず，話にはいつも説得力があった。彼は原則や哲学や主義をもたずフーバーに比べて明るい印象を与えた。しかし，ルーズベルトは経済に明るくなく，ケインズ経済学に造詣があったわけではなかった。彼はすぐれた政治的本能に導かれて政策を実行したのである。ある歴史家は言う。「彼はニューディールという塔をつくり上げることに大きな努力をはらったが，それをつくった粘土は彼に働きかけた圧力であった。」彼はアメリカ的価値観をもっていたが，自分の「イズム」をもっていたわけではなかった。彼がニューディール（新規まき直し，カードゲームでカードの切り直しを意味する）としてうちだした政策には一貫性がなく，矛盾が多かったし，「季節ごとに，ほとんど月ごとに」変わっていた。

2．大「不況」とその原因

　1929年10月株価の暴落を契機に，アメリカ経済は長い暗い不況のトンネルにはいった。出口はなかなか見えず，トンネルからの脱却は1938年後半まで待たなければならなかった。

　まず，銀行の倒産が増加した。アメリカの銀行は資金量の小さい地域銀行が大部分で，以前からよく倒産した。もっとも，当時，銀行に預金をもつのは中産階級であり，銀行口座をもつ工場労働者は稀であった。株価の低迷が続くと銀行資産は減少し，貸付金の担保にとった株も値を下げるため，取引は収縮し，倒産にいたる。30年7月～31年7月に閉鎖した銀行は640行，31年7月～32年7月には1,553行，32年7月～33年3月の9カ月で1,199行に達した。ルーズベルト大統領が就任した1933年3月には取り付け騒ぎが起こり，ほとんどすべての銀行が入口を閉じていた。

　不況は空前絶後の深刻なものであった。名目GDPは1929年の1,036億ドルから1933年には564億ドルにまで低下した。その後も回復は遅れ，37年にようやく919億ドルまで戻したものの，同年冬から翌年夏にかけて再び低下し，38年のGDPは861億ドルにとどまっている。1929年の水準に戻ったのは1941年になってからである。

　アメリカ経済は以前にも周期的な景気後退を経験してきた。なかでも1893～98年の不況は，19世紀で最悪だったと考えられている。それでも，失業率が15％を超えたのは1894年の1年だけであった。図3-1は1920年以降の週賃金（名目）と失業率を示しているが，30年代に失業率が15％を超えた年は8度を数える。30年代初頭から賃金は下落し，32年からの上昇カーブの傾きも緩慢である。19世紀には都市で働く労働者の多くは少なくとも食べることはできたし，両親が住む田舎をもっていた。1930年代になると何世代かの都市生活の結果，帰るべき田舎がなくなって失業者は町にとどまり，飢えに苦しむこととなった。

　これだけ長期にわたる大規模な不況になった原因をひとつに特定すること

図 3-1 週賃金と失業率の推移

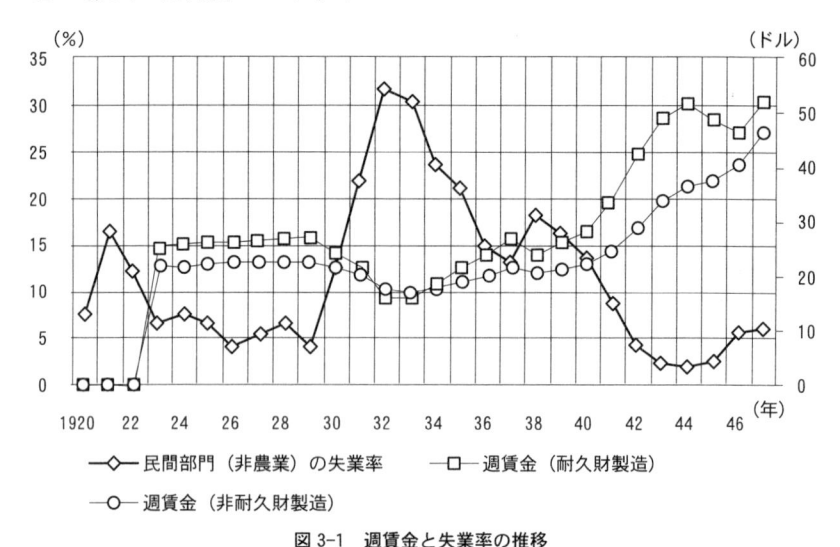

出所) *Historical Statistics of the US*, Ba 476, 4364, 4366 より筆者作成。

は難しく，複合的な理由としか表現できない。しかし，金融政策との関係で論じられることが多いため，以下ではその視点で不況が長期化した理由を述べることにしよう。

連邦準備制度（FRS）は不況のはじまった 1929 年以降，数度にわたり金利を引き下げて金融緩和策をとってきており，31 年 1 月には工業生産高などの指標をみるかぎり，回復の兆しをみせていた。しかし，それに水をかけたのは FRS の金利引き上げであった。

金融危機は世界に波及し，外国人の資金回収の動きが広がった。これは金本位制度下においては金の流出にほかならない。まず，イギリスは金流出を防ぐために 31 年に金本位制を停止した。この動きはアメリカにも広がり，FRS は同年後半に金融引締めによって危機に対応しようとした。図 3-2 はニューヨーク連銀の割引率を示しているが，下限値が一時的に引き上げられていることがわかる。その結果，債券や株式価格も下落し，経済の回復の芽をつみとっただけでなくドル防衛にも失敗した。政府と FRS は銀行の倒産に対しても預金者の預金を守るための有効な方策をとることなく放置した。

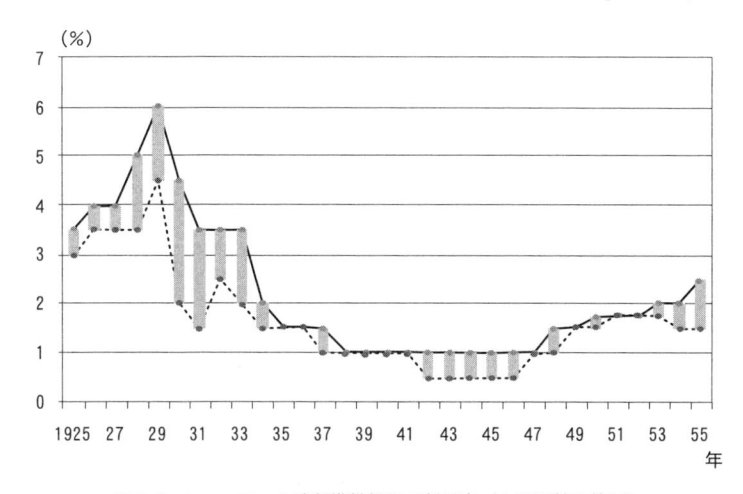

図3-2 ニューヨーク連邦準備銀行の割引率（上下限値の範囲）

出所）*Historical Statistics of the US*, Cj-1235, 1236より筆者作成。

それが景気後退を深刻なものにしたといえる。

また，図3-2は重要なことを物語っている。大不況の期間を含め，少なくとも第二次大戦前の金利は低水準にあり続けたということである。一般的な貨幣需要関数は金利の減少関数であり，しかも，金利水準が下がるほど弾力性は大きくなるから，低すぎる金利は金融政策の有効性を失わせる。つまり，FRSが貨幣供給量を増加させても，それはすべて貨幣需要の増加となってしまい，債券や株式などへの資金のシフトが生じない。こうして，債券や株式の価格は上昇しないため，金利は変化せず，企業の資金調達コストも高いままとなる。

企業にとっては株式発行のインセンティブは小さいから，設備投資は刺激されない。株式市場や債券市場が不活発であれば，負の資産効果を通じて消費も減少する。このような投資や消費の減少はいずれもIS曲線の左へのシフトを意味するから，金利はさらに低下する。なお，企業の設備投資の鈍化の理由のひとつに，30年代には20年代に生じたような技術革新がなかったということも指摘される。

1990年代の日本であらためて議論されたことからもわかるように，大不

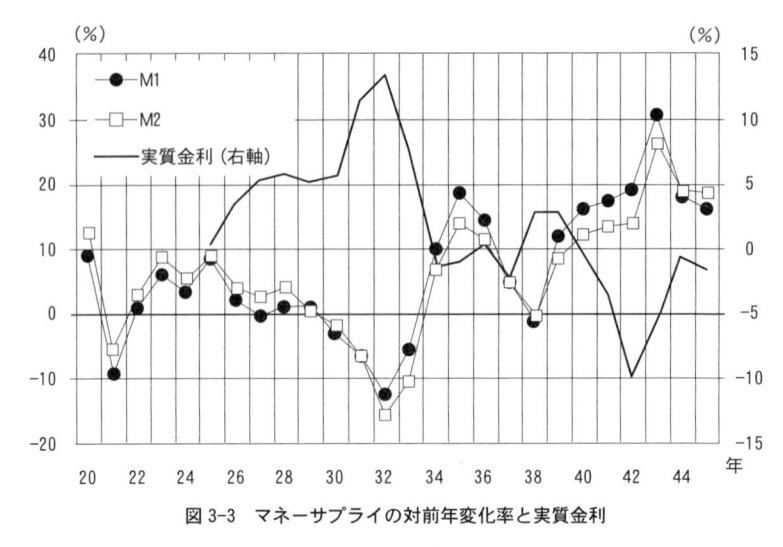

図 3-3 マネーサプライの対前年変化率と実質金利

注）実質金利＝割引金利の平均値―消費者物価指数の変化率。
出所）*Historical Statistics of the US,* cc1-2, cj-42, 45 より筆者作成。

況の研究は現在も続いている。図 3-3 はマネーサプライの推移（変化率）を示している。30 年代には一貫して金融緩和が続いたが、商業銀行の貸出額は増加しなかった。37 年には景気は後退するが、そのことは図 3-3 にも現れており、マネーサプライは 35 年を頂点にして 38 年まで減少した。とりわけ、37 年の FRS による支払準備率の引上げはニューディール不況の原因になったという説は多い。FRS は支払準備率の引上げの効果について十分に理解していなかったといわれている。

他方、マネタリストをはじめとする金融政策を重視する人びとにとって、図 3-2 は金融政策の誤りと映る。つまり、32 年までのマネーサプライを減少させたことが、不況を深刻化させた原因であるという指摘である。ところが、マネーサプライが減少したのであれば、貨幣供給曲線（直線）は左にシフトするから、金利水準は上昇するはずである。図 3-2 からわかるように金利水準は下方トレンドを描いており、この考え方は否定される。

けれども異なるデータを用いれば、主張は正当化される。その根拠が図 3-3 に示す実質金利である。これは図 3-2 の上・下限の平均値から消費者物

価指数の変化率を差し引いたものである。データの制約から，マネーサプライと実質金利との提示期間が異なるが，実質金利とM1，M2そして両者の変化率のあいだにはいずれも負の相関がある（−0.68から−0.71のあいだ）。つまり，実質金利を用いれば，マネーサプライの減少局面に金利が上昇したことがわかる。つまり，貨幣供給曲線の左シフトが成立し，マネタリストの主張が裏づけられる。

このように，データ次第で大不況の原因ですら多様な解釈ができることは，大不況研究が続いている要因なのである。

3．不況に対する処方箋

さて，マクロ経済学の考え方は医師の書く処方箋に例えるとわかりやすい。たとえば，患者は咳や発熱といった事実を医者に伝える。医師は診察して症状の原因を判断し，処方箋を書く。医師によって診立ては異なり，治療方針も処方薬も別のものになる。

マクロ経済学の考え方もこれと同様に考えることができる。不況に対する処方箋は医師の診立てと同様に，行政や議会がどのような見方をしているかによって異なる。端的に言えば，大不況は総需要と総供給のインバランスが継続した状態である。ケインズ経済学では不況の原因を総需要（消費や投資）の不足とみる。そのため，総需要を刺激する政策，たとえば，減税をして消費を増やしたり，政府によるモノの購入やインフラの整備という処方箋を書く。ケインズ経済学はこのように総需要の増減によって景気を調整するという立場に立つ。また，失業者を減らせば，それだけ消費が増えるため，総需要は増加する。

他方，新古典派経済学では不況の原因を供給制約と考える。つまり，財・サービスの市場でモノが売れないのは，たとえば，魅力のある製品をつくれない企業側に理由があるというのである。したがって，政策の目標は，企業の設備が更新されて魅力的な製品が生産されるようにすることとなる。具体的な政策としては，法人税減税や加速度償却というようなものが選択される。

現象として一致したとしても，結論から言えば，ニューディール政策はケインズ経済学にもとづいて立案，実行されたものではなく，ましてやケインズの提唱する政策を採用して景気を回復させたというのは誤解である。ニューディールは不況に対する緊急の対処療法的な政策と政治的な妥協によって成立したもので，景気回復に有効な政策は少なかった。もっとも，制度の改善など長期的な視点からみると大きな意味をもつものも少なくなかった。

ケインズはニューディールの開始当初はそれを高く評価したが，個別の政策に対しては批判的であった。とくに産業政策や農業政策は改革を急ぎすぎ，回復を促進するよりは妨げる結果になったと論じた。ケインズがもっとも批判的であったのは財政政策であった。

ケインズは景気回復のためには政府が赤字予算を組んで経済活動を刺激し，所得増加をはかることがもっとも効果的だと考えていた。ところが，ルーズベルトは赤字支出の回復効果をまったく理解していなかった。結果的に財政が赤字になったにすぎなかったし，赤字がケインズのいう年48億ドルに達したことは一度もなかった。1938年になってようやくルーズベルトは財政出動による回復計画を議会に勧告した。

ケインズは1934年6月にルーズベルトと会っている。会議後ルーズベルトは「会議は愉快で，彼を気に入った」と友人に書いているが，別の友人にはケインズの数字に関するくだらない長話に対して感銘を受けなかったと語ったと伝えられている。一方，ケインズは「ルーズベルトがあまりにも経済学の素養がないことに驚いた」と言ったそうである。

こうしてみるとニューディールがケインズ経済学を応用して景気回復させたという考えが誤りであることは明らかである。ケインズの『雇用，利子および貨幣の一般理論』も1936年に出版されている。

研究者や政策担当者は，戦後になってケインズ経済学と新古典派経済学のそれぞれの考え方にもとづく政策の有効性について論争を重ねた。1960年代後半になり，インフレの高進を止められなかったケインズ経済学の旗色が悪くなった。それに対して，30年代はケインズ政策が採用されてよい条件下にあった。

3．不況に対する処方箋　57

　図3-4は第二次大戦終了以前の40年を2区分して推計したフィリップス曲線である。フィリップス曲線は失業率と物価上昇がトレードオフの関係にあることを示す。まず，失業率は1931〜35年の5年間，20%を上回っていたことがわかる。そして，30年代の消費者物価は±5％以内で変化し，30〜33年は，38〜39年には年率でマイナスを記録して，デフレ状態にあった。また，フィリップス曲線の傾きに注目すると，1925年以前のフィリップス曲線の傾きに比べ，24〜45年のそれはきわめて緩やかであることがわかる。このことは，政府が1930年代に失業対策を講じても物価はそれほど上昇しなかったことを意味する。ケインズ経済学に対する批判のひとつは，物価を考慮していないことであるが，1930年代にはそのような懸念は小さかったといってよい。物価は1941年以降に急上昇するが，その理由は内需のなかでも国防支出が拡大したからであり，これこそがまさしくケインズ政策にほかならなかった。

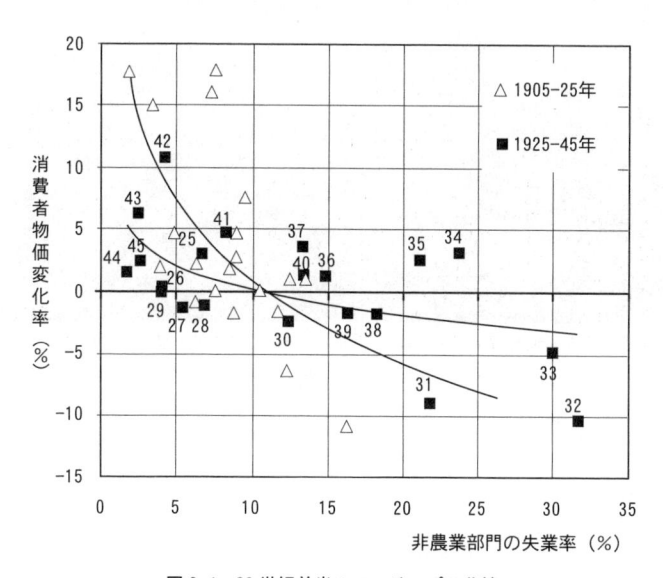

図3-4　20世紀前半のフィリップス曲線

出所）*Historical Statistics of the US*, Ba 476, Cc 2 より筆者作成。

4. ニューディール経済政策

　1933年3月，ルーズベルトが大統領に就任した日，全国の銀行は実質的に閉鎖されていた。ルーズベルトの大統領としての最初の公的活動は緊急銀行法を成立させることであった[2]。そして有名な100日がはじまった。ルーズベルトは，矢継ぎ早に「ニューディール」政策をうちだした。ルーズベルトが大統領に就任した当初，アメリカ全体が異様なほどの緊迫感につつまれており，大統領の提案は何でも受け入れられるような状況であった。

写真　現在の連邦預金保険公社（FDIC，バージニア州アーリントン）筆者撮影
　注）　写真は2009年のもので，75周年の旗が見える。

2　同法には，復興金融公社に銀行の優先株を買う権限，FRSが州認可銀行に資金を貸し出す権限，銀行を健全性の程度に応じて分類し，健全な銀行だけに営業再開を認める規定などが定められた。この法案は3月9日に制定されたが3月15日までに全国銀行の約半数が業務を再開した。再開された銀行は主に大きな銀行で全国の銀行預金のおよそ9割を占めていた。3月12日，ルーズベルトはホワイトハウスからの全国向けラジオ放送で彼がとった措置をわかりやすく説明したが，それが有名な「炉辺談話」のはじまりであった。これ以降，炉辺談話はルーズベルトが世論に訴える最良の手段となった。こうして，銀行が再開されると，安心した人びとが銀行に預金するべく殺到した。

ニューディール期の金融政策は経済状況にほとんど影響を与えられなかったが、金融の構造を大きく改善した。1933年と35年の銀行法によってFRSの権限が強化され、将来的に経済の変動に対する適切な金融を実施するいくつかの手段が整備された。また連邦預金保険公社（FDIC，写真）が発足したことによって多くの銀行が制度に加盟し、倒産が大幅に減少した。

表 3-1 は 1922 年以降の連邦政府、州政府および地方政府の財政の収支を示したものである。ここからは、第一次大戦中の赤字、20 年代の黒字を経て 31 年以降、赤字になっていることがわかる。30 年代の赤字は景気後退による必要経費の増加の結果、やむなく生じたものであろうか、あるいは積極的な景気対策の結果、生じたものなのであろうか。

表 3-1 財政の収支（負値は財政赤字，100万ドル）

	連邦	州	地方	合計
1922	88	47	−101	34
27	4	63	−302	−235
32	616	149	−740	25
34	1,059	543	−631	971
36	−1,400	246	−994	−2,148
38	−1,079	309	−737	−1,507
40	−3,081	820	−909	−3,170
42	−461	1,530	−1,260	−191
44	−2,177	1,457	−1,893	−2,613
46	−18,600	2,449	−1,073	−17,224
48	−48,049	3,395	−515	−45,169
50	−19,235	2,738	−1,677	−18,174

出所） *Historical Statistics of the US*, Ea10-17 より算出し、作成。

アメリカにおける伝統的な財政の原則は戦争（メキシコ戦争、南北戦争、米西戦争、第一次大戦）によって生じた負債を平時において節約と予算の均衡を実行して公債を償還するということにつきる。均衡予算は善であり、不均衡は異常事態にのみ許される。負債はできるかぎり少ない方がよい。ニューディールの赤字ははたして伝統的な予算原則からの脱却を意味したものであろうか。

ルーズベルトは財政については保守的な態度をとっており、節約と予算の

均衡をめざしていた。ニューディール初期にはやむを得ない緊急支出の結果，均衡予算を組むことができなかったのである。1937年1月の教書でも「完全に均衡した予算はそう遠くない未来において保証される」と述べられており，1937年と38年には歳出が前年度比で減少，赤字幅も減少している。それが景気後退の一因となった。1939年からはヨーロッパにおける戦争もはじまり，歳出は増加し，赤字も拡大した。その赤字は特定の必要に応じるためというより，経済の再度の下降をおそれた政府が購買力をつくりだすためにとった政策の結果であった。

ニューディール政策をマクロ経済の視点から評価することにしよう。図3-5は第二次大戦以前の実質経済成長とそれに対する各項目の寄与度を示している。GDPは1929年から33年までマイナス成長を続けたが，34年以降にはプラスに転じている。これは，ニューディール政策の成果といってよいが，政府支出の成長に対する寄与度に注目してほしい。

まず，フーバー政権の30，31年は政府支出の寄与度は1.53％，0.74％と2年連続してプラスであり，景気の押し上げに寄与していることがわかる。

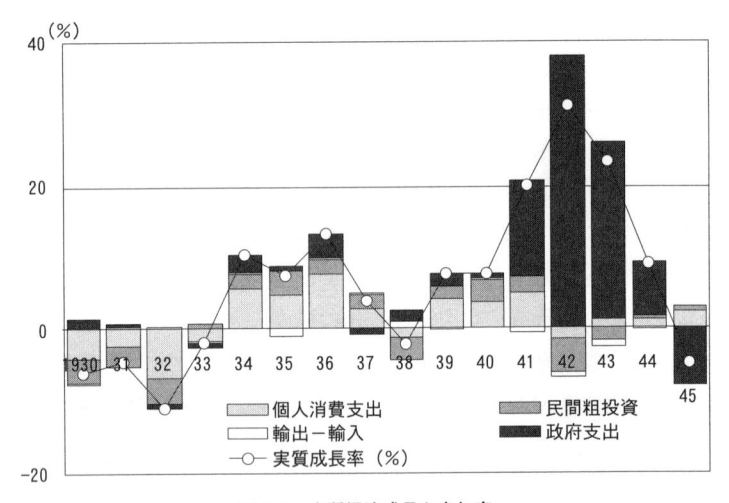

図3-5 実質経済成長と寄与度

出所　Bureau of Economic Analysis, NIPA, Real Gross Domestic Product (chained dollars) より算出，作成。

このことからは、フーバー政権が何もしなかったのではなく、むしろ、政策は過小（too small）であったというのが正確な表現であろう。また、政府支出は34年以降の成長にも寄与しているが、個人消費支出の寄与度がそれを上回っている。そして、ルーズベルトは37年に均衡財政に固執し、「ルーズベルト不況」を招く。その時、政府支出の寄与度はマイナスとなっている。

むしろ、政府支出の寄与度が大きくなるのは太平洋戦争の始まる1941年以降の3年である。実質成長率は1942年には31％を記録し、それに対する政府支出の寄与度は37.9％となり、他の項目のマイナスを補う形になった。政府支出のなかで大きく伸びたのは国防支出である。図3-6は国防支出の対名目GDPを示しており、1940年の国防支出は対GDP比で1.5％しかなかったが、42年には14.8％になり、43年～45年は30％を上回った。

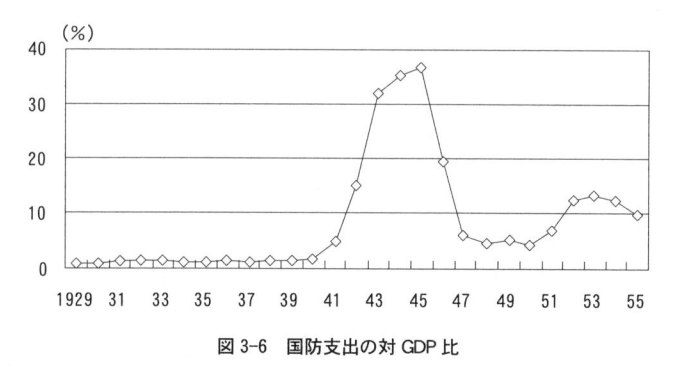

図3-6　国防支出の対GDP比

出所）　国防支出は *Historical Statistics of the US*、名目GDPはBureau of Economic AnalysisのHPからDL。

以上のように、ニューディール政策は規模こそ小さかったものの、経済政策という観点からは重要な意味をもっている。そこで、政策をいくつかのカテゴリーに分け、おもに景気回復という視点から政策を概観する。

4.1　産業政策・公益事業政策

ニューディール期の産業政策は混乱していた。しかし、全体として見る

と，そして後になるほど産業に対する規制を強化しようという方向にむかったといえよう。

　全国産業復興法（NIRA）は，産業活動の諸条件を政府が統制しようとしたものであるが，創設の経緯をみると，政治的妥協の産物であった。通常は規制を嫌う実業界も危機に直面して自由競争の自動的調整作用に自信を失い，不況下の過当競争を避けるべく第一次大戦のような政府支持によるカルテル化とそれによる価格と利潤の安定を望んだ。一方，政府も消費者の購買力を高めるため賃金上昇と雇用拡大をめざし，労働時間の短縮を求めた。

　つまり，政府とビジネスの協調による産業秩序の確立である。その点では20年代のフーバーのビジョンとよく似ていたが，ここでは産業復興局の管理下で各産業が「公正競争規約」を作成し，「規約」が認められれば反トラスト法適用除外ということになった。

　しかしながら，NIRAはほとんど成果を上げることなく終わった。産業界は同法がもたらす成果に失望したし，労働者には得るところが少なく不興であった。また世論は政府による独占の形成と維持に非難を浴びせるようになった。1935年に同法は連邦最高裁判所から違憲の判決をうけた。

　景気対策という観点からみてもNIRAは失敗であったといってよい。ただ，瀝青炭産業と石油産業については産業復興策の終了後においても天然資源保全という理由で特別保護立法が制定され，最低価格の固定化と生産制限が認められた。

　また1935年以降はルーズベルト政権の姿勢が変わり，反トラスト政策が強化された。38年4月にルーズベルト大統領が議会に送った教書のなかで，独占・集中は価格硬直性の主な原因であり，それが景気回復を遅らせると断じた。従来の反独占思想では独占企業の略奪的行為を糾弾していたのに対し，この教書では独占の経済的影響を論じ，規制強化を訴えたのである。その背後にはビジネスが1935年半ばから政府のパートナーとみなされず，むしろ恐慌と景気後退の犯人として敵視されるようになったことがあった。とくに持株会社は厳しく規制されることとなった。

　独占について政府の考えが明確になると，その公益事業に対する姿勢も容

易に想像することができる。公益事業は自然独占になる産業である。1935年に「公益事業持株会社法」が制定され，それまで公益事業の多くを実質支配していた持株会社の活動を制限するとともに，透明性を確保する方策が採用された。1935年には連邦動力法，38年には天然ガス法が成立，持株会社規制と同時に産業は連邦動力委員会の管理下におかれた。連邦通信委員会は1934年通信法によって電信，電話，ラジオ放送の規制をつかさどることになった。

アメリカでは歴史的な経緯から，ガス，通信，電話および交通機関などはすべて私営であるのに対して，電力には私営のものと公有公営（おもに州）のものがあった。ニューディール期には公有公営発電所の発電量が大幅に増加した。公共事業局が公有発電プロジェクトに資金を貸与したこと，後述するTVAが公有発電に有利な状況をつくりだしたことがその理由であった。

鉄道規制は1887年の州際商業法からはじまっており，その後の歴史的経緯があってニューディール期に大きく変化しなかった[3]。しかし，鉄道と同様の規制が他の交通機関にも適用された。1935年道路運送事業者法，1938年民間航空法などがそうである。規制は広範囲にわたり，参入・退出規制，グランドファーザー・クローズ（既存企業優先）による独占ないし寡占体制の維持，運賃・サービスの規制，価格差別（同じまたは同等の商品またはサービスに対して異なる価格をつけること）禁止による競争の排除が含まれていた。自然独占産業には独占を認め，その代わりに規制を強化するという政策であった。

4.2 農業政策

1920年代から好況とはいえなかった農業だったが，不況は農民をどん底に陥れた。1929年の農業所得の総額は130億ドルであったが，それが32年には55億ドルになった。

ニューディールの農業政策の基本は，農産物価格支持と生産統制であり，

---

[3] すでに述べた1920年鉄道法によって鉄道は厳しい規制をうけていたからでもあった。1933年の緊急鉄道輸送法は20年法の延長にすぎなかった。

価格と量の両面から政府が介入することになった。33年5月には農業調整法（AAA）が成立したが，36年にそれは最高裁の違憲判決をうけた。そのため，36年の土壌保全および国内割当法に続いて38年に農業調整法が成立した。

価格支持にあたってはパリティ（基準年次）を定め，その年次と同水準の価格を設定し，それを基準に価格支持率を決定する。価格支持の対象となるのは主要農産物で当初は小麦，綿花，とうもろこし，豚，米，たばこ，ミルクの7つであったが次第にその数が増加した。それらの生産者は連邦農務省と減産の協定を結び，減産に応じて地代あるいは報償金をうけとる。財源は主要農産物の輸入と加工に対する新税があてられた。余剰農産物の処理については学校給食計画，救済のための直接配分，食料スタンプ，輸出振興などの施策がとられた。

これらの農業政策は，ビルト・イン・スタビライザーの役割を果たすと期待された。すなわち，農民の所得を増加させ安定させることによって経済回復に資するし，農業の長期的な不況までも解決すると想定された。しかし政策は期待されたほど効果を上げなかった。農業所得は非農業所得に比べてほとんど増加せず，農産物の需給の不均衡もほとんど改善されなかった。たとえば，ニューディール期を通じて綿花の作付面積は38%減少したが，生産は17%しか減少していない。他の生産物も同様である。減反を受け入れた農家は作付面積を減らした分，生産性を向上させるために集約的農法をとりいれた。また，農家は土地を遊休させることを嫌がり，作付けを休止した土地に他の農作物を育て，その結果，他の農産物も過剰となって価格が低下することとなった。作付面積を減少させるべき農産物がつぎつぎに増え，財政負担は増大していった。

こうしてみるとニューディールの農業政策も不況対策としてだけではなく，農業問題解決策としても成功したとは言い難い。農産物価格支持政策は1960年代末の農産物に対する海外需要の高まりを契機に，自由市場指向へ回帰した。

4.3 地方分散化計画・グリーンベルト・TVA

　ニューディールの農業政策の目的のひとつは，都市とルーラルエリアの間の不均衡是正にあった。ルーズベルトは製造業の集中と同時に地域的集中にも関心をもっていた。ここでは彼の分散化運動，生計農場計画，グリーンベルト構想，地域開発政策とTVA（テネシー流域開発公社）にふれる。これらの政策はニューディール政策のなかで比較的マイナーな部分と考えられてきたが，今日的な視点からみると，もっとも先見性をもち，かなりの成功をおさめた部分と考えてよい。

　アメリカ全体の人口重心は長期的にみると次第に西へ，そしてわずかに南へ移ってきたが，製造業の分布は偏っており，東部とくに東北部のウエイトが大きかった。1930年，ニューイングランドの人口は全体の6.7%であったのに対し，製造業従事者は10.5%，中東部は23.3%と30.3%，五大湖地域は20.6%と25.6%であった。製造業付加価値額もニューイングランド10.4%，中東部33.8%，五大湖地域31.7%であった。その他地域をあわせると人口は49.5%を占めるが，製造業従事者は全体の33.7%，製造業付加価値額は24.3%にすぎなかった。もちろん製造業の偏在は誤りではない。しかし1930年当時の経済に占める製造業のウエイトは高く（サービス産業のウェイトは今日ほど大きくなかった），立地の偏在は1人当たり個人所得の格差を生みだしていた。

　ルーズベルトはどこかにジェファソン的な夢をいだいていた。アメリカにはゆたかな農場と牧場，うっそうたる森林，水量ゆたかな河川がなければならない，現状のアメリカは都市と工場に偏りすぎている，とルーズベルトは考えていた。彼は土地利用計画についてビジョンをもっていた。それは産業の地方分散化によって地域振興をはかり，格差縮小を目指すというものであった。ルーズベルトはNIRAのなかに25,000世帯の家族を農家にするため一世帯あたり1,000ドルの経費をみこんだ2,500万ドルの支出をもりこんだ。サブシステンス・ホームステッド（生計農場）と呼ばれたこの計画は工業都市に近接した土地に小面積の農場をつくり，自給自足ができると同時に工場で働くことによって現金収入も得ることができるというものであった。

またそれによって工場が労働力ゆたかなルーラルエリアに移転することも視野にいれていた。実際はプロジェクトの資金に限界があり、いくつかのモデル地区で実験的に実施されるにとどまり、工場の地方分散を促すこともなかった。

1935年4月に入植局（Resettlement Administration）が設立され、「グリーンベルト構想」が策定された。公共事業としての住宅供給を緑ゆたかなコミュニティづくりと結びつけようとしたものであったが、計画はほとんど実現されなかった。資金に限界があること、アメリカ人が"コミュニティ"という発想に不信感をもったことがその理由である。

そのなかでTVAは多くの批判はあったものの、地域開発計画として成功したと評価されている。TVAは失業救済のための公共事業であるとか、電力国有化の延長形態であるとか言われるが、基本的には地方分散化運動の具体的な表現であり、地域開発の手段であった。1933年4月、その立法化を要請した議会への教書のなかでルーズベルトは、TVAは動力開発のためだけでなく、洪水の管理、土壌の浸食防止、植林、灌漑による農地生産性の向上、電力利用による産業の分散、いくつもの州、何百万というアメリカ人の生活向上に導くものであると述べ、特定地域に連邦資金を導入することの合理性を論じている。

TVAの第一の目的は治水である。テネシー川流域の年間降水量は多く、しかも季節的に集中するため毎年のように洪水の被害に悩まされていたが、そこに巨大ダムが建設された。それによって大規模な水力発電が可能となった。

TVAはテネシー川の水量も改善した。テネシー川からミシシッピ川を通じてメキシコ湾岸の諸港との連絡はもちろん、ピッツバーグやシカゴを含む五大湖周辺の工業都市が水路で結ばれた。水運の改善は地域経済に大きく貢献したと考えられている。第二次大戦後は水力の電源に限りがあるため、火力発電所や原子力発電所が建設された。この地に立地した国防産業や民間企業の電力需要が著しく増加したためである。

テネシー川流域の農地は傾斜地が多く、雨期に大量の雨が降るため土地は

やせ，生産性は低く，農民は貧困にあえいでいた。電気がひかれている農家はほとんどなかったし，地域の出生率は高く，識字率は低かった。TVAは安価な燐酸肥料を生産し，土壌改善と作物転換に貢献し，さらには安価で簡便な農業機械を考案し，電気によるまぐさ乾燥機を発明して有畜農業の発展に寄与した。こうして，地域農民の生活と文化水準の向上に結びつき，TVA はその後の世界中の地域開発事業のモデルとなった。

　文化的経済的に遅れている地域（リージョン）の開発は国民経済全体の課題であるという考え（リージョナリズム）はアメリカにとって，また世界的にも新しいものであった。こうした開発は計画に結びついていた。1933 年 NIRA によって設置された公共事業局（Public Works Administration, PWA）には全国計画委員会（National Planning Board, NPB）が設けられ，連邦の計画活動調整，州や都市の地域計画作成の援助などを管轄することになった。

4.4　社会労働政策

　生活困窮者の救済はニューディールのもっとも緊急の課題であった。救済には 3 つの方法があった。第 1 は公共機関による困窮者への現金または現物の給付，第 2 は失業対策，そして第 3 は公共事業による雇用の創出であった。第 1 の方法は消費購買力の増大につながるとして正当化されたが，経費がかさんだ割には景気回復に役立たなかった。そのため 1935 年以降，連邦政府は直接の救済事業から手をひき，失業対策事業に重点を置いた。働く能力のある者を失業対策事業で吸収し，高齢者，児童および障害者については州の対策に補助を与えることとした。この政策の転換は景気回復のためとはいいながら，赤字財政が続くことをおそれてとられた連邦政府の経費節減策であった。

　労働政策はアメリカ経済史上，画期的で革新的なものであった。NIRA は (1) 労働者の団結権と団体交渉権の保障，(2) 最低賃金，最長労働時間の設定，年少労働の禁止，(3) 公共事業の拡充による失業者の吸収をめざした。しかし，その違憲判決後 (1) は 1935 年の全国労働関係法，(2) は 1938 年の厚生労

働基準法に受け継がれた。団結権，団体交渉権，最低賃金，最長労働時間など今日では労働についての常識になっていることがここで定められたのである。ただし短期的にはニューディール労働政策は労使紛争を増加させ，景気回復に役立ったとは考えられない。

　労働組合運動には長い歴史をもつアメリカ労働総同盟（AFL, 1886 年誕生）が存在したが，1938 年に産業別組合会議（CIO）が分離独立した。前者は職能別組合であるのに対し，後者は未熟練労働者を組織した。第二次大戦後の 1947 年になって反労働組合的なタフト・ハートレー法が成立し，1955 年には両者は再び団結して AFL-CIO となった。なお，アメリカには 19 世紀後半から常に左翼運動があり，1919 年には共産党が組織され，大不況期には多少とも力を得た。しかし，労働組合への浸透にはほとんど成功せず，やがてその活動は細った。

　公共事業は雇用効果とともに経済回復にも貢献すると考えられた。そのため 1933 年に連邦緊急公共事業局（Federal Emergency Relief Administration, FERA）[4]が設けられ，それが終了する 1935 年には失業対策と公的建設を含めて連邦の救済事業計画が作り直された。FERA の事業には連邦事業と連邦以外の事業があったが，いずれの場合も連邦の役割は資金供給が主で，連邦がみずから工事を実施することはなかった。資金は道路建設，船

表 3-2　連邦・州・地方政府をあわせた交通投資

（単位：100 万ドル）

年	道路	道路以外の交通
1927	1,819	257
1932	1,766	200
1934	1,829	215
1936	1,945	271
1938	2,150	267
1940	2,177	377

出所）合衆国商務省編『アメリカ歴史統計』（齋藤眞・鳥居泰彦監訳）原書房，1986 年，712-715 ページ。

---

[4] FERA はもともとフーバー時代に設置された緊急救済局を改称した組織である。1935 年にはその業務は就業促進局（Works Progress Administration）に引き継がれた。

舶建造，治水，水力開発，学校・病院など公共建造物の建設，上下水道などに投下された。これらの公共事業は若干の雇用効果をもったが，失業率を低下させ景気回復に資するほどの効果はなかった。

道路建設を例にとると，表 3-2 に示すように，連邦支出は増加したが財政難に陥っている州の投資額は減少し，両者をあわせてみるとネットの投資額はさほど増えていない。つまり，全体として見ると連邦支出は増加したが，それは連邦が州や民間の投資の減少を肩代わりしたからである。したがって，景気回復策としての道路建設を過大評価することはできない。

5. 第二次世界大戦へ

国際連盟への参加を拒否して以来，アメリカは世界の出来事を注意深く観察していたものの，自らがそれに関与することは避けてきた。1935 年には交戦国への武器輸出を禁止した中立法を制定，37 年の中立法では交戦国への輸出はその国の船を用いることと，現金決済によることと定めた。中立法の制定とその強化はアメリカの孤立主義志向を示していた。一方 1938 年以降，緊迫化するヨーロッパ情勢を意識してアメリカは国防強化に向かった。

1939 年 9 月第二次大戦が勃発したときアメリカの世論は圧倒的に連合国側支持であった。しかし，他方では戦争に巻きこまれないことも望んでいた。ルーズベルトは中立宣言をする一方で中立法の武器輸出禁止条項を撤廃し，連合国への武器輸出を認めた。1941 年 3 月にはさらにふみこんで武器貸与法を制定，連合国へ軍事援助をはじめた。

太平洋でも状況は緊迫していた。日本の中国侵略に武力で対抗しなかったものの，1940 年 1 月には日米通商航海条約を破棄，戦略物資の禁輸，在米日本資産の凍結などの措置をとり経済的圧力を強めた。1941 年 12 月日本軍はハワイ真珠湾を攻撃した。そしてアメリカは第二次大戦に参戦した。

第 4 章

第二次大戦と供給サイドの変化

1. 経済動員体制

　第一次大戦とは異なり，日本軍が真珠湾を攻撃した 1941 年 12 月にはアメリカはある程度，戦争準備を整えていた。徴兵制は 1940 年 10 月から実施されていたし，41 年 3 月には武器貸与法が成立していた。アメリカ軍の増強と連合国に対する武器援助は，軍事生産を拡大させ，長い間，不況にあえいでいたアメリカ経済を活性化しつつあった。
　第二次大戦では約 600 万人のアメリカ兵が世界各地に派遣され，アメリカ製の武器で戦っただけでなく，連合軍兵士の多くもまたアメリカ製の武器を使用した。真珠湾攻撃の 1 年後には，アメリカは枢軸国全体をあわせたよりも多くの軍需品を生産していた。
　戦争に突入したアメリカにとって最大の問題は，どのようにして私企業の手にある工業力を戦争のために動員するか，ということにあった。生産力動員のために多くの連邦機関が新設された。そのなかで軍需品と民需品の生産を案分し，生産計画をたて，希少資源配分の優先順位を決定したのは，戦時生産本部（War Production Board）であった。しかし，ほどなく各種機関のあいだの調整がいっそう難しくなり，1943 年 5 月には戦時動員局（Office of War Mobilization）が創設されて，大きな権力を発揮することとなった。その長官のジェームズ・バーンズはしばしば「大統領補」と呼ばれたほどであった。
　戦時生産体制が整うと，アメリカの生産増加は目ざましかった。どの会社もどれだけの量をどれだけ早く生産できるかが唯一の目標となった。1945

年の名目 GDP は 1939 年の 2 倍以上，実質 GDP は 37％増となった。1935年～39 年の工業生産を 100 とすると 45 年には 239，耐久消費財に限れば 360 になった。

　経済的にみて戦時動員体制の合理性に疑問が残るとしても，アメリカ人の大部分がそれを成功と感じ，自国の能力に自信を深めたことは疑問の余地がない。動員体制は戦後になって急に解除された。しかし，いったん緩急あれば，ふたたび第二次大戦中のような官民協力体制が整えられ，膨大な生産量を達成することができるという確信は残った。もしそれがなければ，アメリカが戦後世界の経営に積極的に乗りだすことはなかったに違いない。それが朝鮮戦争やその後の部分的動員体制の維持につながったとみることもできるであろう。

　また，戦争中多くの学者や実業家が政府機関に参加し，戦争遂行というひとつの目的にむかって協力したため，ニューディール期にあった対立意識は解消した。危機のときにアメリカ経済を誘導することができるのは，大きな資本でもなく，大きな労働でもなく，連邦政府であることが多くのアメリカ人にとって明確になったのである。

2．戦時投資の二面性—需給両面に対する効果

　投資には投資支出としての需要サイドへの効果と，それがストックとして生産能力を拡大するという二面性がある。国防支出は政府支出に含まれ，それはまた消費支出と投資支出に区分される。戦後に転用されて長期間使用された設備や建造物などは投資であった。そして戦時中に生産された武器の少なくない部分がストックされ，朝鮮戦争にも用いられた。また，軍事研究に関わる投資も平和時にストックとして活用されている。

　何よりも，第二次大戦ほど科学や技術が戦争の形態を変えた戦争はなかった。そして戦争中に開発された技術や手法が戦後に活用された戦争もなかった。技術のいくつかは，戦後の世界を戦前とすっかり変えてしまうほどの大きな影響をもっていた。原子力，ジェット機，ロケット，レーダーおよび人

造ゴムなどはその典型である。

　画期的な新技術以外にも，それに付随するマイナーではあるが重要な技術進歩が無数にあった。平時であれば，新技術が開発されても，それに対する投資にはリスクがある。しかし，戦時中は経済性を無視して投資が強行される。第二次大戦中には長距離大型輸送機が開発され（とくにC54＝DC-4），それにともなって長距離運送の経験と実績が積み重なり，航法も発達した。そして，世界各地に飛行場がつくられた。これらが長距離路線網の充実，新しい大型機の開発（DC-6，DC-7およびスーパー・コンステレーションなど）につながり，ジェット時代到来の準備が整えられた。そしてその間に人造ゴム，合成樹脂および与圧室など戦時中に開発された技術が航空機にとりいれられたのである。軍事用航空機は戦後に民間航空会社に払い下げられ，1950年代の輸送容量の増加に寄与した。何よりも，ジェット機は戦争中の画期的な発明であった。

　これらの新技術は戦争がなかったとしても，やがては開発されたものであるかもしれない。しかしそれがいち早く開発されたという効果は大きい。たとえば，人造ゴムは日本軍が東南アジアを占領し，天然ゴム生産の90％を押さえてしまったことから急いで開発されたものである。そしてもし戦争中に人造ゴムが開発されていなければ戦後の航空機や自動車の発展は遅れ，自動車輸送や航空輸送のコストははるかに高くなっていたに違いない。

　いまひとつ忘れてはならないことは，戦争中に開発された計画技術の効果である。たとえば，潜水艦からの攻撃を避けるには最適の輸送船団の大きさが数学的に決定されたことから，リニア・プログラミングなどの手法が開発されている。それは戦後，企業経営にも広く応用された。

3．価格統制

　物価は1938年から45年までに約30％上昇した。1914年から19年までの物価上昇が約60％であったことを考えると，かなりの成果であったといえよう。価格上昇を避けるため，政府は最高価格制，希少必需品の配給制，賃

金の凍結，超過利得税および高率の所得税などの手段を採用した。

問題はこれらの手段が物価上昇の抑制に効果があったのか，効果があったとすれば，どの程度のものであったかという点にある。第二次大戦中の軍需景気はほとんどすべての人をうるおし，とくに低所得者層の所得は上昇した。平時ならばそれは購買力の増加となり，財やサービスの供給が増えなければ，物価は上昇したに違いない。

しかし，戦時中の高率の所得税や国債の購入が購買力を抑制したことは確実である。また貯蓄率も上昇した。戦争中の個人消費，民間設備投資および住宅投資の抑制が戦後インフレを招いたことを考えると，戦争中の需要抑制はたとえ成功したと評価したところで一時的なものにすぎなかった。

他方，物価の直接統制は一時的にせよ，ほとんど効果がなかったと判断してよい。物価上昇は主として需要抑制と消費物資の適度な供給によって抑制されたのであって，直接統制のせいではなかった。通常，直接統制は売り惜しみを招き，闇価格が発生することによって物価を押し上げる。これは簡単な需給分析によって明らかになる。アメリカの場合，日本から輸出されていた絹ストッキングを除けば，生活必需品の供給は比較的潤沢であり，戦争末期になってようやくタバコ，バター，砂糖，コーヒーなどに品不足が感じられた程度であった。

4．労働と労働生産性

アメリカの軍事動員数は最高時において1,200万人に達したが，人的資源に大きな不足は生じなかった。1941年には600万人の失業があり，戦争中に新しく約600万人が労働力人口に加わったのである。戦争中の労働市場は超完全雇用の状態にあり，労働量についてはつじつまがあっている。労働時間については1943年に週労働時間を48時間にする旨の行政命令がだされたが，1944年の製造業の週平均労働時間は45.2時間であった。つまり，労働時間の上昇は限られたものであった。

問題は労働の質であった。新しく労働力人口に加わった者には女性が多

く，労働力人口に占める女性の割合は3分の1まで増加した。その結果，アメリカの伝統的な女性観は変化し，労働する女性に対する偏見が少なくなって，戦争が戦後社会における女性進出の契機となった。しかし，新しく労働力人口に加わった女性の熟練度は高いとはいえなかった。表4-1は女性の労働力率を示しているが，1940年にそれが大きく上昇し，しかも，白人の未亡人・離婚者の労働力率が46.5%に達したことがわかる。そして，戦後も1970年になるまでいずれの区分においても労働力率は上昇しており，まさに1940年代が転換点であったことがわかる。

また，新しく労働力人口に加わった高齢者あるいは転業者についても同じことがいえた。熟練度の不足に加えて，労働の地域配分，職業間配分，そして高い労働移動率にも問題があった。1944年，製造業における労働移動率は82%に達した。その理由は住宅不足，通勤の不便さ，高賃金の誘惑および熟練度の不足などであった。

このような事情にもかかわらず，労働生産性は第二次大戦中に上昇したのではないかと考えられる。農業では人手不足となって機械の利用が増えた。そのため1939年から45年までに人・時間あたり産出量は25%上昇した。製造業の労働生産性は，労働の質が一定でないため信頼性を欠く。しかし，

表4-1 女性の労働力率

年	配偶者 アメリカ生まれ 白人	配偶者 アメリカ生まれ 黒人	配偶者 外国出生	未亡人，離婚者 アメリカ生まれ 白人	未亡人，離婚者 アメリカ生まれ 黒人	未亡人，離婚者 外国出生	独身 アメリカ生まれ 白人	独身 アメリカ生まれ 黒人	独身 外国出生
1880	2.1	29.3	3.6	15.9	54.0	21.4	29.6	64.9	65.8
1900	3.3	26.1	3.8	34.2	66.0	28.4	42.0	66.6	74.6
1910	6.1	49.4	7.1	30.4	73.9	24.4	49.3	73.9	79.4
1920	6.4	32.3	7.8	29.8	66.8	22.5	54.7	58.6	76.7
1940	14.5	34.1	14.5	46.5	61.8	31.5	56.9	53.1	71.2
1950	22.3	33.7	20.7	56.2	58.3	44.2	60.1	45.0	74.6
1960	32.1	43.4	31.7	63.3	70.0	53.0	57.0	45.0	70.9
1970	41.8	53.5	40.1	66.7	58.6	57.2	55.0	44.1	62.8
1980	53.5	64.7	51.8	71.2	62.2	62.8	66.3	50.9	60.4
1990	66.3	72.9	59.6	76.1	68.5	67.9	72.1	61.3	63.9
1997	72.2	75.8	59.8	77.8	68.5	68.1	71.2	64.8	61.7

出所　*Historical Statistics of the US*, Table Ad 760-771 より抜粋。

同期間に実質賃金が約20%上昇したことから判断すると，実質賃金上昇率は長期的には生産性向上率に比例するから，その程度の生産性向上があったと考えられる。

第二次大戦は1945年8月，日本の降伏によって終了した。戦争が終了する直前の45年4月12日にルーズベルト大統領は死去し，副大統領であったハリー・S.トルーマンが大統領に就任した。ルーズベルトは前年に4選を果たしていた。特殊な状況下であったとはいえ大統領を3期以上つとめた人はルーズベルト以外にはいない。そして，今日では憲法で3選は禁止されており，今後も現れることはない。

5．戦後における需要の拡大と雇用法

戦争の終結が間近になると，人びとは戦後のことについて考えはじめた。多くのアメリカ人にとって1920年代の繁栄は遠い過去のことになり，30年代の大不況と戦争中の集権的な動員体制が圧倒的な重みをもつ経験となっていた。彼らは戦争が終結すれば，軍事需要の減少と多数の軍人の復員によって30年代のような不況と失業の時代がくると考えた。経済学者たちも不況の再来を警告していた。彼らは1930年代後半に現れたケインズ理論を考えの基礎においていた。こうして1943年にはすでに平時転換計画が策定された。翌44年10月にはその細目まで計画され，施行責任者まで任命されていた。

1945年5月以降の15カ月間に，約1,000万人の動員が解除された。その結果，約600万人の失業が生じると推定された。600万人は1941年の失業水準である。しかし，実際の失業は，予想に反して270万人を超えたことがなかった。1946年末の雇用者総数は5,800万人となり，史上最高を記録したのである。平時への転換が比較的スムーズに進んだ理由は，消費財に対する繰り延べ需要と外需によって民間需要が堅調であったこと，平均労働時間が減少した（1946年の製造業の平均労働時間は40.4時間）ことなどがあげられる。

1946年2月，連邦議会は雇用法（Employment Act of 1946）を成立させた。議会もまた復員兵の失業と不況の再来をおそれていたためであった。連邦政府は雇用法のなかで有用な雇用機会の創出と維持のための政策を永続的に実行するという責任を負ったのである。

アメリカ議会の伝統的な保守性を考えるとき，この宣言がいかに画期的なものであったかを理解することができよう。失業が失業者個人の責任ではなく，国民全体の責任であるという考えは，ニューディール期を通じて次第に浸透していったが，完全雇用達成のためにあらゆる手段をとることが連邦政府の永続的な責任であると規定することは，政府の役割に関する伝統的思想との決別を意味した。アルヴィン・ハンセンは，1946年の雇用法は経済計画のマグナ・カルタであったと述べている。

もちろん経済計画といっても，実際にはケインズ的な総需要管理政策以上のものを意味していたわけではなかった。雇用法によって新しく定められたのは，経済諮問委員会（Council of Economic Advisers, CEA）を設けることだけであった。同委員会は経済問題に関して大統領に助言し，議会に対して経済報告書を提出する役割を担った。しかし，その後まもなく完全雇用を達成するためには景気の変動を緩和するだけで十分ではないことが認識されるようになった。たとえば，労働力人口が毎年増加する以上，適正な経済成長率を維持しなければ，完全雇用は達成されないからである。

こうして保守的なアイゼンハワー大統領でさえ，1954年の年頭教書において，経済成長の達成も連邦政府の責任であるかのように論じたし，50年代以降になると，物価の安定，国際収支の均衡，資源分配の適正化，その他経済のあらゆる側面に対する連邦政府の関与が当然のことと考えられるようになった。それにともなって経済全体のなかに占める政府部門の比重もまた拡大した。図4-1は個人所得の内訳を示しているが，移転所得の個人所得に対する割合をみると，1929年には1.2％にすぎなかったが，45年にそれは5％を超えた。戦後には大きい政府への歩みを早めて行くのである。

図4-2は1970年以前のGDPの内訳を示している。戦争終結直後から1946年にかけて政府支出が大幅に減少し，GDPは若干落ち込んだが，実質

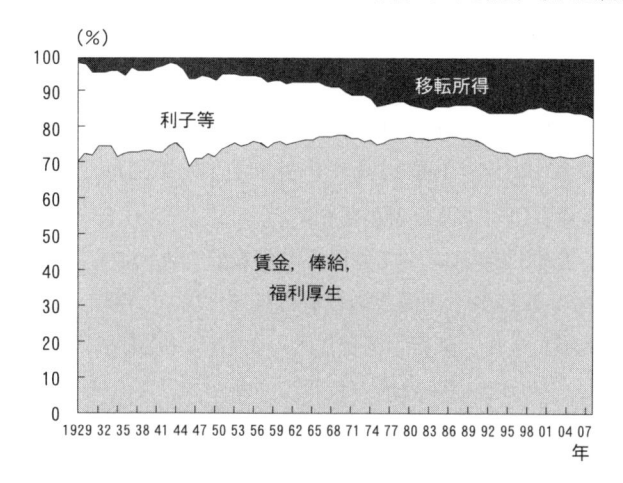

5．戦後における需要の拡大と雇用法　77

図 4-1　個人所得の内訳

出所）Bureau of Economic Analysis の HP より DL して筆者作成。

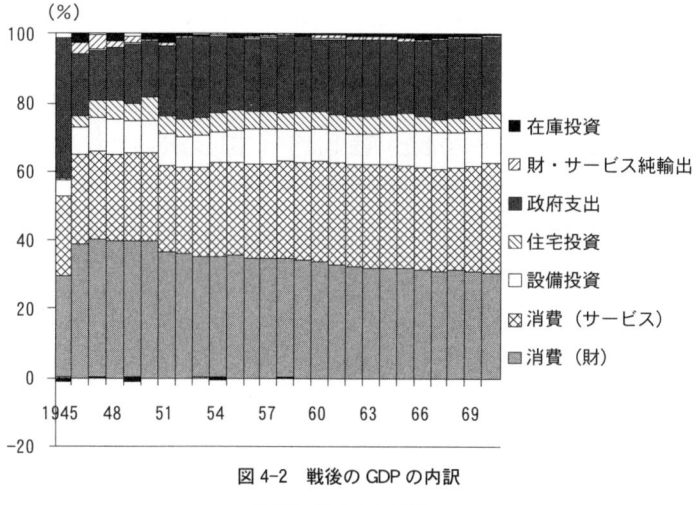

図 4-2　戦後の GDP の内訳

出所）図 4-1 と同じ。

GDP が 1942 年の水準を下回ることはなかった。その後 1949 年の小さな景気後退まで着実な上昇を続けた。この大きな理由は，ひき続き堅調だった消費と設備投資の拡大であった。

個人消費は GDP の構成要素のうちでもっとも安定的であると考えられている。それにもかかわらず，第二次大戦中に消費が政策的に抑えられたために，戦後はその反動で急速に増大した（繰り延べ需要）。その後，いくつかの景気後退があったが，1961 年まで消費が前年を下回ることはなかった。とくに耐久消費財に対する需要が活発であった。

　景気拡大の主役は何といっても民間設備投資であった。当然のことながら，1930 年代と戦時中，民間設備投資は低迷していたが，その間に少なからぬ技術進歩があった。戦後の消費拡大とともに，企業家たちは利潤機会の出現を感知し，いっせいに設備の新設に向かった。ゴールドスミスによると，設備のストックは 1945 年から 49 年の間に，615 億ドルから 919 億ドルへと一挙に 3 分の 1 近くも増大している。

　民間設備投資の 5 分の 1 ないし 4 分の 1 を占める住宅投資もまた堅調であった。1929 年から 45 年まで住宅の建設が不振であったのに対して，家族数は 26％ も増加していた。深刻な住宅不足は 49 年までの新投資にもかかわらず解消せず，50 年代へ持ち越された。

　さらに，一度は 1940 年の水準にまで低下した政府支出は，47 年以降になって徐々に増大の傾向をみせた。輸出はドル不足のせいもあって，わずかに下落したが，海外援助は高水準のままであった。

　このような総需要の増大に対して，供給が追いつかず，物価は上昇傾向をたどった。1945 年を 100 とすると，1948 年には卸売物価は 152，消費者物価は 134 となった。物価上昇の原因には，供給不足のほかに，流動資産の増大，銀行クレジットの増加，債券の換金および外国政府による金の売却などがあったが，戦争中凍結されていた賃金が解除され，1946 年に大幅な賃上げが行れたことも大きな理由であった。こうして大不況とデフレの再来というケインズ派経済学者たちの心配はひとまず杞憂に終わった。

　一般的にみてアメリカでは，不況時に経営者に対する批判が集中し，好況時に労働組合に対する攻勢が強まる傾向があったが，1946 年の一連のストライキ（ストライキによって失われた労働は 1 億 1,600 万人／日に達した。この規模はそれ以前の最高の年の約 3 倍であった）のあと，労働組合に対す

る非難が集中し，1947年6月には大統領の拒否権を乗り越えてタフト・ハートレー法（Taft-Hartley Act）が成立した。同法の成立は戦争中の労使の蜜月時代が終結したことを意味した。1950年6月，朝鮮戦争がはじまり，アメリカは再び経済の部分的動員体制にはいることとなった。

6．冷たい戦争と超大国の責任

　第二次大戦後のアメリカは第一次大戦後と異なり，積極的に世界経済の再建に乗りだした。その理由は多様であった。第一には，第一次大戦後のなかば孤立した政治経済体制と，その結果に対する反省があった。第一次大戦時にアメリカは，民主主義という大義のために参戦したにすぎなかった。そして戦争が終わると，大西洋と太平洋に囲まれた安全地帯に引っ込み，自国の繁栄を謳歌することに専念した。その結果が大不況とブロック経済と第二次大戦であったと，多くの人は考えた。

　第二次大戦では，アメリカは当事者であった。そこにいたる道程がどうであったにしろ，日本の真珠湾攻撃は第二次大戦を「ルーズベルト氏の戦争」ではなく，アメリカ人の戦争にしたのであった。戦争が終わってみると，戦勝国と戦敗国とを問わず，ヨーロッパは荒廃の極みに達していた。人びとは飢え，病み，住むところを失い，着るものももっていなかった。しかも，生産が急速に回復する見込みもなかった。そして，アメリカだけがほとんど戦禍をうけず，工場はフル回転をつづけていた。多くのアメリカ人にとって，これらの国の人びとを救済し，その経済再建に援助を与えることは，人道的にも感情的にも十分納得できることであった。

　第一次大戦後，アメリカはみずから世界の指導者になることを拒否した。当時，すでにアメリカは世界最大の経済をもつ国であった。しかしアメリカ人には国際舞台に乗りだし，複雑なヨーロッパの事情に介入して成功するだけの自信がなかった。理想を高くもてばもつほど，1823年1月に発表されたモンロー宣言をたてに，アメリカ大陸に閉じこもる方が安心であった。しかし第二次大戦後のアメリカは，好むと好まざるとにかかわらず，超経済大

国になっていた。戦後しばらくの間，アメリカの国民総生産は世界のそれの半分以上を占めていた。そしてアメリカ人はとびぬけてゆたかであった。1950年アメリカの1人あたり国民総生産は，イギリスの約2倍，西ドイツの4.5倍，イタリアの6倍，日本の15倍であった。アメリカはこうして世界でもっともゆたかな国としての自信を深め，その責任を感じ，戦後世界の指導者として目覚めたのであった。

しかしこれらの事情にもかかわらず，もしアメリカとソ連との間に冷たい戦争が生じていなければ，アメリカの対外援助は緊急を要する救済資金を除いて，時をおかずに停止されていたに違いない。アメリカが長期にわたって対外援助を続けたのは，冷たい戦争がソ連の膨張を封じこめようという政策に発展し，共産化を阻止するための最良の政策が，西側諸国の経済を安定，発展させることにあると考えられたためであった。

アメリカの対外援助は，戦時中の武器貸与法の精神が戦後になって拡大したものであった。第一次大戦中およびその直後の対外援助は利付き借款であって，周知のように，その大半は1932年フーバー大統領の「モラトリアム」によって帳消しになっている。第二次大戦中の武器貸与は，アメリカが戦争遂行に必要な軍事力・経済力のプールを提供するという考えのもとに行われた。また，大戦中にアメリカは60億ドル以上の食料，燃料，および石油，医療，医薬品などを連合国に供与している。1943年には連合国救済復興機関（UNRRA，アンラ）が設立された。戦争中枢軸国に占領されていた国々に緊急に必要とされる救済を与えることが，その目的であった。アメリカはUNRRAを通じてさらに30億ドル以上の援助を行っている。そして，戦後の対外援助はまさにこれらの救済措置の延長にほかならなかった。

1944年にブレトン・ウッズ会議が開かれた。会議では，戦争による破壊と再建との過渡期は比較的短く，諸国がここ数年の困難を乗り切るのに必要な金融機関を設けさえすればそれでよい，という考え方が支配的となった。国際的な決済のために「バンコール」という世界通貨を発行するというケインズ案ではなく，国際通貨基金（IMF）と国際復興開発銀行（世界銀行，IBRD）を設立するというホワイト案が採用された理由もそこにあった。

IMFは加盟国の拠出金を基金とする為替平価安定のための短期相互金融機関であり，世界銀行は資本金払いこみ，債券発行によって資金を調達し，加盟各国の経済復興，開発のための長期融資を行う国際金融機関として設立された。しかし，ブレトン・ウッズ会議は楽観的にすぎた。戦後の経済復興のためには，IMFや世界銀行以上のものが必要であった。

政治情勢は大きく変動していた。日本の降伏によって第二次大戦が終了するまでに，米ソの蜜月時代は終わっていた。戦後の国際問題をすべてソ連との話し合いで処理していくことは時間がかかるだけでなく，きわめて困難なことであった。またソ連が東欧で米英の影響力を追い出し，勢力圏を確立したことや，戦後になってもイランに軍隊を駐留させつづけたことも，不信感を強める結果となった。トルーマン大統領は1946年初頭までには「ソ連をあやすことにはもう飽きた」と記し，もはやソ連に譲歩するべきではないという気になっていた。

トルーマンに国際援助を増大させ，ソ連封じ込め政策の表明を迫ったのは，1947年のギリシャ・トルコ情勢であった。当時ギリシャは共産ゲリラに悩まされ，経済的な困難に直面していた。またトルコはソ連から厳しい要求をつきつけられていた。東地中海は伝統的にイギリスの勢力範囲であり，イギリスは戦後もギリシャ・トルコに対する援助を続けていたが，自国の財政難が深刻になり，アメリカに援助の肩代わりを要請したのである。トルーマンは急いでこの両国に4億ドルの援助を与えようとしたが，議会は対外援助に消極的であり，承認を得られるかどうか疑問であった。そこで同年3月，トルーマンは議会に出向き，名指しこそ避けたが，世界における侵略的な全体主義の脅威を訴える演説を行った。そこで表明された全体主義に抵抗する国民を援助するという原則は，間もなくトルーマン・ドクトリンと呼ばれることとなった。

ギリシャ・トルコに対する援助は，当初の4億ドルに加えて，翌年には軍事援助として2億7,500万ドルが支出された（経済援助はヨーロッパ復興計画から与えられた）。この援助が有効であったかどうかを評価することは難しい。たしかにギリシャとトルコは共産国にはならなかった。しかし，たと

えばギリシャに対する資金の大部分は軍隊の強化と避難民の保護に向けられ，復興は48年末からしかはじめられなかった。ギリシャはゲリラに勝利をおさめたが，それはソ連とユーゴの関係が悪化したために，ゲリラに対する支援が止まったからでもあった。

7．マーシャル・プラン

1947年春までに，ヨーロッパ経済を一時的な救済措置によって再建させることは不可能であるという認識が深まった。国務省は膨大な対外援助計画をつくりはじめ，同年6月ジョージ・C．マーシャル（George C. Marshall）国務長官のハーバード大学での講演に結実して，いわゆるマーシャル・プランができあがった。マーシャルは，ヨーロッパ諸国に協力して経済復興計画を作成するよう呼びかけ，アメリカは計画を援助する用意があると言明した。マーシャルは，健全な世界経済なくして確固たる平和や政治的安定はありえないと述べたが，全体主義に対する抵抗という発言はなく，援助は主として人道的立場から合理化された。しかし，ヨーロッパ復興計画の承認は連邦議会での難航が予想された。人道的な理由や経済的相互利益という論拠では議会で十分な支持者を確保することが難しいからである。結局，ここでもトルーマンは，この援助なしには西ヨーロッパが全体主義勢力の手に落ちるかもしれないと強調しなければならなかった。1948年3月のチェコのクーデターは，そのためのよい例となった。

他方，ヨーロッパ16カ国は48年頃パリに会合し，マーシャルの示唆にしたがってみずからイニシアティブをとり，地域協力を基礎とした復興計画と資源に関する報告を作成した。しかし，ソ連と東欧諸国はそれに参加することを拒否した。その後，アメリカの援助の受け皿としてヨーロッパ経済協力機構（OEEC）が設立された。

1948年経済協力法（Economic Cooperation Act）が成立し，援助は共同の復興計画を完成しようとする参加諸国の継続的な努力を条件として与えられることとなった。同時に被援助国は生産増大，通貨安定並びに貿易障壁

の低減に努力すべきものとされた。全援助物資の50%はアメリカの船によって輸送されなければならないが，物資はどこから購入してもよく，民間貿易を活用すべきことが強調された。また，被援助国には次のようなことが定められた。アメリカにおいて供給が不足している物資の備蓄に協力すること，アメリカから受け取った贈与・援助と同額の見返り資金を自国通貨で設定すること，そして見返り資金の95%は，アメリカの同意をえて，復興計画のために被援助国内で使用されるべきことである。残る5%は新設された経済協力局の経費をまかなうために留保された。

1948年から1952年6月までにアメリカは，ヨーロッパ復興計画のために，総額131億5,000万ドルを支出した。援助の内容は，原料・半製品33%，食料・飼料・肥料29%，機械・車両17%，燃料16%，その他5%であった。これらの商品のうち，69.7%がアメリカ，11.8%がカナダ，7.7%がアフリカ，4.3%がヨーロッパ域内，6.2%がその他の国々（おもに中近東）で調達された。

ヨーロッパ復興計画の第1年目は主として食料と原料の購入，老朽設備の取りかえ，金融機構の支持に重点がおかれたが，2年目からは援助の少なからぬ部分が新規投資に向けられた。見返り資金の56%もまた生産促進のために投入された。

マーシャル・プランは概して成功であり，いくつかの観点からその価値を高く評価する人も多い。事実，OEECの加盟国の国民所得は，1952年には計画を上回るところまできていた。しかし，経済援助だけでは西欧の不安は鎮まらなかった。チェコのクーデターに続いてベルリンが封鎖された段階で，西欧諸国はソ連の軍事力に脅威を感じ，アメリカによる安全保障を望んだ。トルーマン政権は，これに応えて1949年4月カナダと西ヨーロッパ9カ国と北大西洋条約を締結した。この条約はアメリカが平和時に結んだ最初の軍事同盟であった。なお，条約締結はいわゆる超党派外交によって推進された。

1949年には，アメリカ人に大きな衝撃を与えた2つの事件が起こった。ひとつはソ連による原爆実験の成功であり，いまひとつは中国の共産化で

あった。この2つの事件は，アメリカに対してソ連戦略の全面的な見直しと，それまでのアジア軽視への反省とを強要した。つづいて1950年6月には朝鮮戦争が勃発した。

1947年から1950年までの間にアメリカが与えた対外援助は，ほとんどすべてが経済援助で，軍事援助は総額の1%にも満たなかった。そして援助の大部分はヨーロッパ諸国に与えられた。しかし，冷たい戦争が熱い戦争に転化してのち，援助の性格は一変し，軍事援助の比重が高まった。51年には37億ドルの援助のうち9億ドルが，52年は45億ドルのうち24億ドルが軍事援助になっている。そしてアメリカの対外政策のなかで，アジアが軽視されていたために中国の共産化と朝鮮戦争が発生したという非難にこたえて，アメリカはアジア，とくに日本に対するてこ入れをはじめた。1951年9月には，旧連合国による対日講和条約と日米安全保障条約が，サンフランシスコで調印された。

第 5 章
ゆたかな社会の確立へ

1. 人口増加と経済成長

　表 5-1 にはアメリカの人口と GDP の年平均増加率（経済成長率，実質は 1996 年を基準）が 10 年単位で示されている。戦後のアメリカでは出生率の上昇と死亡率の低下に移民の流入が加わり，人口は爆発的に増加した。30 年代には 890 万人であった人口増加数は 50 年代になると 2,500 万人に達したが，そのうち 225 万人が移民であった。

　人種別の人口増加率をみると，一貫して非白人が白人を上回っており，とりわけ，戦後になるとヒスパニックなどの非白人・非黒人の伸びが顕著になった。また，10 年間のアメリカ全体の人口増加数を 100 として人種別の寄与をみると，1930 年以前には白人の寄与が 90% を上回っていたが，30 年

表 5-1　人口増加と経済成長

		1920年代	30年代	40年代	50年代	60年代	70年代	80年代	90年代
人口増加率	全体	1.51	0.70	1.40	1.71	1.26	1.09	0.94	0.92
	白人	1.52	0.70	1.35	1.63	1.15	0.90	0.70	0.74
	黒人	1.29	0.79	1.58	2.29	1.81	1.68	1.35	1.34
	その他	3.41	−0.13	6.74	3.66	4.67	7.25	6.35	3.32
経済成長率	名目		1.04	11.25	6.01	7.02	10.40	7.58	5.34
	実質		2.70	5.57	3.49	4.18	3.20	3.19	3.14

注1）　1950 年以降はアラスカとハワイの人口を含む。
注2）　いずれも相乗平均である。
注3）　90 年代は 90 年から 99 年の平均である。
出所）　人口は *USA Counties 1998*，経済成長率は Bureau of Economic Analysis の HP より DL して算出。

代にそれは80％台に，80年代以降になると60％台にまで低下した。ただし，非白人・非黒人については増加率こそ著しいものの，総人口に対するシェアが高まるのは80年代以降のことである。

経済成長率が人口成長率を上回れば1人あたりGDPは増加するが，20世紀のアメリカではいずれの10年をとってもそれが実現されてきた。1940年代の実質成長率は5.6％となり，第二次大戦がもたらした戦時景気は大不況の停滞感を一掃する効果をもった。50年代の実質成長率は3.5％に達し，60年代につぐ高さであったが，同時に20世紀のなかで人口がもっとも急激に増加した10年であり，それは人種をこえた特徴であった。また，60年代には成長率こそ40年代におよばないが，戦後で最速の経済成長が実現された。

名目成長率と実質成長率の差は物価上昇（インフレ）率を示す。インフレは戦後の経済成長にともなう代償ともいえ，とりわけ70年代に昂進した。なお，30年代には実質成長率が名目成長率を上回ったが，これは大不況にともなうデフレーションを示しており，むしろ例外であった。

2．朝鮮戦争と経済

朝鮮半島における戦争の激しさにもかかわらず，戦争のアメリカ経済に対する負担は比較的小さかった。戦争最高時の兵力動員数は約350万人であったが，1949年までにアメリカ軍は150万人に縮小していた。

武器は第二次大戦中の残りものであった。アメリカはそのうちのいくらかを友好国に与えたが，在庫は豊富であった。1950年から53年の間に国防のために1,160億ドルが支出されたが，そのうち直接朝鮮戦争に費やされたのは，180億ドル前後にすぎなかった。その他の国防費は，アメリカが将来にわたって侵略にすぐに対処できるように，すなわち部分的動員体制を整えるために用いられた。

戦争がはじまったとき，アメリカは49年の景気後退からの回復過程にあり，失業率は5.2％であった。戦争がなかったとしても，失業率はさらに低下していたであろう。しかし戦争は失業率を急速に低下させ，1951年初頭

に失業率は3％になっていた。

　国防支出は拡大したが，1951年6月に終わる会計年度（1977年度以降は前年10月〜当該年9月までが会計年度となった）の政府財政は黒字であった。それは1950年後半からの増税と，戦争勃発後の物価上昇によって名目所得が増加したためであった。しかし，戦争の勃発は人びとの思惑買いを促した。1950年の第Ⅱ四半期から第Ⅳ四半期の間に名目GDPは288億ドル増加した。そのうち111億ドルは消費の増加，35億ドルは政府支出の増加，民間投資は160億ドル増加したが，112億ドルは在庫の増加によるものであった。その結果，農産物および食料加工品を除く卸売物価は6月から12月までに約12％，消費者物価は約9％上昇した。しかし，思惑買いによる価格上昇は短期間に終わり，51年以降54年まで卸売物価は4％の低下，消費者物価は3％の上昇となった。戦争中着実に増加したのは政府購入と消費で，民間設備投資はむしろ減少した。

　1947年に成立した国家安全保障法（National Security Act）によって設けられた国家安全保障委員会（National Security Council）は，朝鮮戦争のときはじめて大きな役割をはたした。また防衛動員局（Office of Defense Mobilization）が設けられたが，戦争後も廃止されず，存続した。動員体制の重点は，鉄鋼，アルミニウムおよび電力などの生産をいつでも拡大できる体制をつくることにおかれた。そのため，政府は償却期間を短縮する投資減税（加速度償却）を実施した。その結果，これらの産業には過剰能力が生じ，将来の経営を圧迫することになった。またその後の政府の発注は「労働過剰地域」を中心に行われることとなり，産業の地域分散化がすすんだ。冷戦の常態化にともない，部分的動員体制が戦後も維持されたために，戦略物資の備蓄，原子力および軍事援助なども国家の安全保障に含まれた。国防費は1953会計年度には500億ドルに達した。そして，戦後もアイゼンハワー大統領の削減努力にもかかわらず，しばらくの間350億ドルないし420億ドルの水準にとどまっていた。

　朝鮮戦争は53年8月に終結した。ヨーロッパ情勢は落ち着きを取り戻していたし，スターリン死後のソ連は西側諸国との平和的な共存を希求してい

た．冷戦ムードのなかのわずかな陽だまりという感じがあった．

3．アイゼンハワー政権の安定指向

　トルーマンはいかにも実直な人物のイメージをもっていたが，最初のころは何かにつけルーズベルトと比較された．あるとき「ルーズベルト大統領ならこうされたでしょう」と言われ，「今は私が大統領だ！」と答えたという．1948年民主党不利という風評が強いなかで，トルーマンは再選をはたした．
　52年の大統領選挙で必勝を期した共和党は，第二次大戦中ノルマンディ上陸作戦の総指揮をとった英雄，ドワイト・D．アイゼンハワーを候補に擁立し，20年ぶりに政権を奪還した．アイゼンハワーは軍出身だが，「ベイビー・フェイス」で，好人物という印象を与え，庶民の人気を博した．
　アイゼンハワーは穏健な保守主義者で，経済活動の自由を信じ，税負担を軽くし，均衡予算に戻ることがのぞましいと考えていた．1953年に発足したアイゼンハワー政権は物価安定を重視し，景気循環の存在を前提として金融政策をもちいてその振幅を抑制しようとした．
　アイゼンハワーは経済諮問委員会委員長にアーサー・バーンズを迎えたが，彼の経済学的な立場は当時としては少数派であった反ケインジアンであった．第一期アイゼンハワー政権の経済政策はバーンズの主張と軌を一にするもので，同時にアイゼンハワー自身の主義にも合致するものであったといわれる．結果的には表5-1に示したとおり，40年代の高インフレ（名目GDPと実質GDPの差）は収束し，政策目標は達成されたとみることができる．
　1956年にアイゼンハワーが大統領に再選されると，バーンズは委員長を辞し，ソールニャーがその後をついだ．しかし，ソールニャーはほとんど何の業績を残さないまま経済諮問委員会から去った．もっとも，雇用法の制定にともなって創設された経済諮問委員会が大統領の経済政策に対して強い影響力をもったのはケネディ政権の時であって，アイゼンハワー政権ではそれほど大きな影響力をもってはいなかった．

アイゼンハワー政権の発足時にアメリカ経済は朝鮮戦争後の好景気に覆われていたが，景気は間もなく後退しはじめた。景気の過熱とインフレを防止するために金融を引き締め，政府支出を削減したからである。しかし，ほどなく金融緩和に踏み切り，翌年に朝鮮戦争時の増税を解除したため，減税と同様の効果が生じたことによって景気の後退期間はきわめて短く，すぐに回復軌道にのった。

　1954年からの景気拡大は，消費と設備投資が原動力となっておよそ3年続いた。しかし，56年以降には物価上昇が目立ちはじめ，政府は金融引締め政策をとった。57年にははやくもその効果があらわれて景気は後退局面にはいったが，最大の要因は好況を支えた設備投資が調整過程にはいったことにあった。さらに政府は債務限度額の引き上げを議会に要求せず，それどころか予算を削減したのである。58年になると金融緩和策がとられたため，4月以降に景気はもちなおすことになったが，失業率は改善しなかった。この時の成長率も大きいとは言えず，60年にはふたたび景気は後退しはじめた。景気循環の振幅の抑制策は景気後退の深刻化を防いだが，景気拡大の期間も短縮することになった。同時に失業率の高止まりが顕著になる一方，価格はわずかずつ上昇したため，クリーピング・インフレーションと呼ばれた。

　この原因は多様で容易に見きわめ難かったが一時的な要因（凶作による食料品価格上昇，自動車や鉄鋼などの新長期労働協約など）が多く，さらに景気が後退すると物価も下落し，それとともにコスト・プッシュ・インフレ論も勢いを失った。

　他方，物価上昇の制度的な要因も論じられた。ニューディール期に制度に組み入れられたビルト・イン・スタビライザー（農家の所得保障最低賃金，累進所得税および所得移転）が，ニューディール期には有効といえなかったにしてもこの時期の経済安定に貢献したと考えられた。57年～58年の工業生産はおよそ15％，名目GDPは154億ドル減少したが15億ドルの個人所得税減税，24億ドルの移転所得の増加によって可処分所得は13億ドルの減少にとどまった。ビルト・イン・スタビライザーの経済安定効果を考えると

それがもつ多少の物価上昇圧力は許容されるべきであるとする意見が多かった。

以上のように，アイゼンハワー在任中にアメリカ経済は 53～54 年，57～58 年および 60～61 年の 3 回の景気後退を経験したが，政権の経済政策はおおむね保守的であり，少なくとも前二者の後退にその影響を見ることができる。大不況の経験から財政出動の意義を学びながらも，アイゼンハワーは均衡財政の維持に熱心であったからである。61 年に登場するケネディ政権は「ニューエコノミクス」にもとづく総需要刺激策によって，完全雇用と経済成長の実現をめざすことになるのである。

4．成長のもたらした変化

4.1 産業構造と就業機会

1950 年代にはアメリカの産業構造に変化がみられるようになった。農場数は 1935 年をピークに減少しつづけ，30 年代初頭には労働力人口の 20% を占めた農業人口も 70 年には 4.2% を占めるだけになった。皮肉なことにこのような労働力の減少と技術進歩によって，農業の労働生産性は 47 年から 70 年の間に年平均で 2.3% 上昇した。政府は農産物の価格支持政策をとったが，農産物の需要は価格や所得に対して非弾力的であるため，政府の市場介入がなければ農産物価格が大きく下落することは明らかであった（需要曲線を描き，シフトさせてみよ）。こうして 1 人あたりの農業所得も年平均 1.7% 増加し，経営は安定にむかった。

産業構造の三次化も進行していた。45 年の製造業従業者数は民間労働人口のうちおよそ 40% を占めたが，その比率は徐々に低下し，48 年には第三次産業の従業者比率が製造業のそれを上回った。第三次産業の従業者比率は 50 年に 36.2% であったが，58 年にはじめて 40% を超え，75 年には 50% を上回った。このようにして人びとの就業機会の多くはサービス業などの第三次産業によって提供されることになったが，同時に多数の未熟練労働者がここに流入することになった。彼らの多くは低賃金労働者であり，のちの所得

格差拡大のひとつの原因をつくったと考えられている。

　経済成長と移転所得の拡大によって所得が増加したため，支出構造にも変化がおよびはじめていた。エンゲル法則として知られているように，所得の増大とともに教育やレジャーなどの生活費以外に対する支出の比率は大きくなる。アメリカの個人消費支出のうち食費の比率は 46 年には 35%以上あったが，54 年以降になると 30%以下にとどまった。また 46 年に 15%を上回っていた衣料支出の割合も 50 年に 12%台に低下し，60 年には 1 ケタになった。これ以降も食費や衣料に対する支出割合は徐々に低下した。対照的に新車への支出割合は 50 年に 5 %を超え，それ以降石油危機にいたるまで 3 %を下回ることはなかった。

　古典派経済理論にもとづけば，労働市場では賃金率の調整によって均衡が達成される方向にむかうが，現実にはかならず需給ギャップとしての失業が発生する。戦後の失業率をみると人種や性別によってその大きさには差異があるものの，白人と白人以外，男性と女性という区分で見た場合，一貫して白人以外の失業率は白人のそれを，女性の失業率は男性のそれを上回ってきた。

　雇用法の成立によって政府はつねに失業に関心を払ったために，景気循環との関係は弱くなった。1929 年から 45 年までの失業率と経済成長率の間には負の相関（−0.69）がみられるものの，戦後にはそのような関係はみられなくなった（相関係数は 0.06）。つまり，戦前には景気の悪化につれて失業率が上昇し，景気回復とともにそれが低下していることがわかる。戦後の失業は経済循環とはほとんど無関係に発生し，失業率は高止まりするようになった。ここに，失業が構造的な原因にあるという指摘がうまれる要因があった。

4.2　都市の外延的拡大

　日本でも 1950 年代から 60 年代にかけて，アメリカのテレビ映画を吹き替えで見ることができるようになった。画面に映しだされたのは，都心から少し離れた郊外の芝生つきの住宅に住む幸福に満ちた家族とそこから自家用車

で通勤する主人公たちの姿であった。冷蔵庫から無造作に引き出される大瓶の牛乳や食卓の食物はわれわれの憧憬ともなった。

アメリカで大きく郊外化がすすんだのは1920年代のことである。その推進役は所得の増加によるモータリゼーションの進行と都心から都市周辺にむかう道路の整備であった。つづく郊外化の進展期が50年代で、この背景にはすでに述べた急激な人口増加があった。住宅や自家用車は上級財であるため、所得の上昇とともにそれらの購入が増加するのは当然のことであった。46年には200万台であった乗用車生産台数は、50年代なかばには800万台へと増加した。

全国を都市地域とルーラルエリアに区分し、10年ごとのデータでみると、1920年にはじめて50％を超えた都市人口比はすでに50年に64.2％に達しており、60年には69.9％になった。都市地域のなかでも中心都市と郊外との比率をみると、50年に50％を超えていた中心都市の人口は減少こそしていないものの、60年には46.3％、70年には42.8％になった。こうして、都市に非白人が流入するのとは反対に、白人は流出し、ゆたかな郊外の形成がすすんだ。70年になると中心都市の住民のうち20％は黒人となり、彼らもまた経済的な弱者となった。

都市環境の整備も当初は州や地方の役割であった。しかし、1949年再開発法（Redevelopment Act）の成立によって、都市再開発事業にも連邦政府が関与することになった。人口稠密な都心部に低質住宅がならび、住民の保健の改善を連邦政府の役割としなければならないほど都心部の環境の悪化が著しかったからである。

このような中心部の活性化策とは別に、連邦政府は都心から郊外へと人口流出を促進するような政策をとった。1944年連邦補助道路法には、42州の州都と人口5万人以上の全米182都市を結ぶ4万キロのインターステート道路網の建設計画が含まれていた。ニューディール期には経済の需要サイドへの波及効果をねらって、ルーラルエリアで道路整備がすすめられていた。ところがすでに郊外と旧来の都市地域との結節点が交通のボトルネックになると考えられたため、都市内道路の整備が緊要となった。こうして戦後はインター

ステート道路と都市内道路とが重点的に整備されることになったのである。

さらに，1956年連邦補助道路法にもとづいて連邦が徴収する燃料税は2セントから3セントへと値上げされ，インターステート道路に対する連邦負担も50%から90%へと上積みされた。このような道路整備は郊外居住者の移動時間を短縮したが，アメリカの大部分の都市では公共交通機関がないため，低所得者は通勤費のかからない都心部に居住せざるをえなかったのである。

5．不均衡の縮小と拡大

図5-1は世帯所得（family income）にもとづく人種別のジニ係数の推移を示したものである。ジニ係数とは不平等の尺度を示しており，この係数の上昇は所得格差の拡大を意味する。戦後の20数年間，ジニ係数は低下局面にあった（所得格差が縮小した）。68年以降になると所得格差の拡大傾向が定着し，80年以降になると拡大のテンポは加速した。

人種別の所得格差をみると，白人のジニ係数は全人口のそれと同様の傾向を示し，同じ人種内での格差はもっとも小さい。非白人のジニ係数は両者と

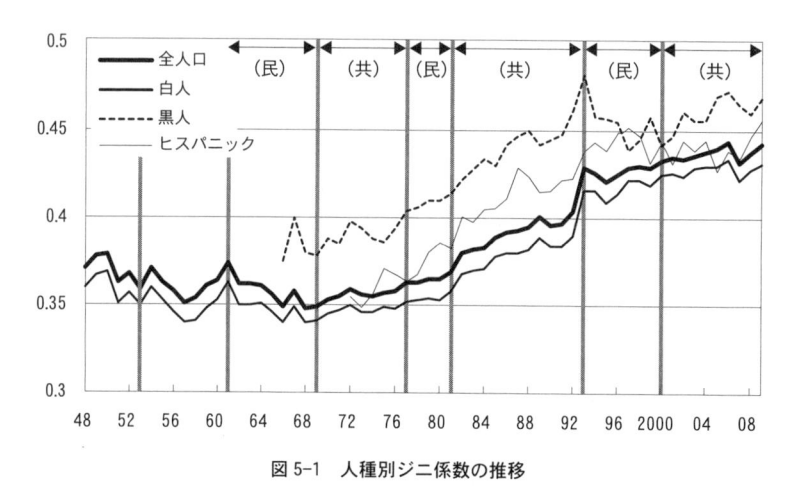

図5-1 人種別ジニ係数の推移

出所）US Bureau of the Census のHPよりDLして作成。

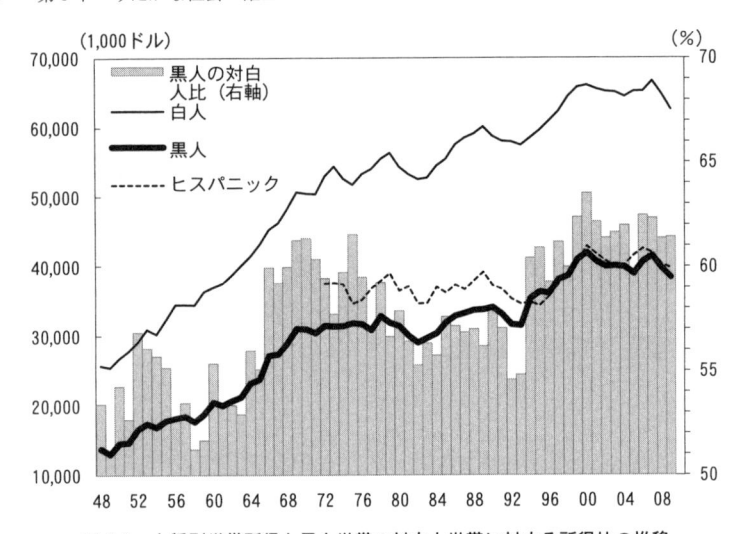

図 5-2 人種別世帯所得と黒人世帯の対白人世帯に対する所得比の推移
注) 年次は大統領選挙の実施を示している。左軸は対数目盛。
出所) 図 5-1 と同じ。

もに白人のそれを上回っており，白人間よりもヒスパニック間が，ヒスパニック間よりも黒人間の方の所得格差が大きい。

　50年代はきわめてまれな10年で，経済成長をとげながらも格差は縮小する（＝ジニ係数の低下）という恵まれた時期であった。ここにはニューディール以来増加している移転所得の影響をうかがうことができるのである（図 4-1 参照）。

　しかしながら，別の問題があらわれるようになった。図 5-2 は人種別の世帯所得ならびに黒人世帯の対白人世帯に対する所得の比率を示したものである。いずれの所得も戦後ほぼ一貫して上昇しているが，非白人世帯の所得が白人のそれの下にあることは明らかである。黒人世帯の対白人世帯に対する所得は50％ないし65％の間にあり，そのトレンドは次のように要約することができる。50年代における白人世帯との格差の拡大期（比率は低下），60年代以降70年代なかばまでの格差の縮小期，それ以降90年代初頭までの格差の拡大期である。政権政党別にみれば，民主党が政権を担っているときには格差は縮小し，共和党の場合は拡大するというパターンがみられる。全国

表 5-2 世帯構成による所得の差異

(単位:ドル)

	女性単独 (%)	共稼ぎ (%)	全世帯
1950	12,530 (61.9)	24,395 (120.6)	20,227
1960	14,712 (52.8)	34,202 (122.8)	27,857
1970	19,172 (50.3)	47,431 (124.4)	38,123
1980	19,938 (49.0)	53,201 (130.6)	40,725
1990	21,413 (48.0)	60,060 (134.5)	44,638
2000	25,794 (50.7)	69,463 (136.5)	50,890

出所) 経済成長率は Bureau of Economic Analysis より DL して算出。

的には所得格差の縮小傾向にあった50年代でさえ,人種間の所得格差は縮小されたとはいえなかった。所得分配の不平等が改善されるためにはいましばらくの時間が必要であった。

表5-2は世帯構成別の世帯所得を示している。最高の所得を得ているのは夫婦共稼ぎの世帯で,1950年にはすでに全世帯平均(20,227ドル)の1.2倍以上の所得があった。しかも今日にいたるまで平均との格差は拡大しつづけ,2000年には1.36倍になっている。反対に最低の所得水準にあったのは,女性が世帯主で配偶者のない世帯で,所得は50年にさえ平均の61.9%にすぎなかったが,80,90年代にそれはいっそう低下し,50%を下回っていた。単身世帯と多人数世帯では支出構造に差異があるものの,所得の上昇にともなって必需財に対する支出割合が減少するため,実質的な購買力の格差が拡大していると考えられる。

先行研究では,世帯所得の多寡は世帯構成よりも未成年者の学力と強い相関関係があることが知られている。またアメリカでは未成年者の失業率が,成人失業率に比べて格段に高いことが特徴となっている。低所得世帯では教育支出を抑制せざるをえず,居住地域の環境もよくないために学校教育の質も低くなってしまう。教育や訓練がより高い所得につながることも実証されており,高い教育水準は高所得のための必要条件となる。技術進歩にともなって高学歴や職歴の長い労働者に対する需要は高まり,彼らはより高い所得を得ることになろう。つまり,低水準の教育しかうけていない未成年者の

労働条件や所得は悪化せざるをえないのである。

6．機会の平等と結果の平等

　GDPや国民所得を尺度とすれば，アメリカは間違いなくゆたかな国である。しかし，すべての国民が等しい所得や富をもっているわけではなく，一部の階層や地域にそれらが偏在している。「公正（equity）」とは所得や資産の分配が適切であるかどうかの基準であり，所得再分配に際してもこの基準が満たされる必要がある。

　公正基準については多くの考え方があり，質的概念の代表的なものとして「機会の平等」と「結果の平等」をあげることができる。アメリカで平等という場合，もっぱら機会の平等を意味していた。アメリカンドリームは競争を促進してこそうまれるものであり，伝統的にアメリカの政策も出自とは無関係にアメリカンドリームを実現できる社会の整備をめざしたものであった。経済的な弱者は競争に敗れた人びとであり，州政府や地方政府はそこに救済の手を差し伸べることはあっても，連邦政府が機会の平等を侵害するほど個人の生活にたちいることはなかった。

　しかし，1950年代末になって貧困の存在が注目されることになった。アメリカの貧困は相対的貧困であって，発展途上国における絶対的貧困とは次元の異なる問題である。ガルブレイス（J. K. Galbraith）によれば，アメリカの真の問題は「島の貧困（insular poverty）」というべきもので，個人の特性に依存し，障害，病気および教育などのように個人の努力によって克服が可能な「個人的貧困（case poverty）」とは異なるものであった。アパラチアにはゆたかな天然資源があり，ミシシッピ下流地域にはゆたかな土壌や水運があるにもかかわらず，住民は貧窮に苦しんでいる。

　島の貧困は全国レベルの所得増加によって解決できない問題で，そこにはゆたかな社会への参加を不可能にする力が働いており，しかもそれは自然条件ではない。人種もまたひとつの力ではあり，ミシシッピの黒人の比率は高いが，アパラチアの人びとの大部分は白人であった。アパラチアやミシシッ

写真　アパラチアの廃鉱　筆者撮影（1999年）

ピのような人口希薄地域だけではなく，都心部にも貧困はあった。それは，都心部のスラムやゲットーである。

　アメリカではつねに政府の大きさに関する議論がなされてきたといってよい。貧困は日常生活の問題であるため，州や地方政府が救済するものであり，連邦政府が介入すべきではないという考え方が根強く残っているからである。郡や市の政治的な発言力が強い州ではことさら連邦政府の介入を嫌う傾向がある。

　そのようななかでも，ニューディール期以降になると貧困や失業に対する連邦政府の役割は拡大してきた。州の平均所得が低ければ歳入額も低水準にとどまらざるをえない。ところが，その州では他州に比べてより多くの窮乏者を抱えており，彼らに対する施策により多くの資金を投入しなければならない。それが連邦政府の再分配政策が必要とされる根拠となっている。とりわけ，ルーラルエリアの政府は恒常的に財源不足に悩まされており，連邦財源は共同拠出（matching）資金として政策遂行には不可欠なものになっている。

　経済成長とともに消失すると思われた貧困は残っており，経済的な弱者の

輪郭は明確になった。こうして，経済的な弱者に対する施策が60年代にむけての政策課題となったのである。民主党が政権を担当した60年代に立案された地域開発，貧困軽減およびアファーマティブ・アクションなどのプログラムは，ケネディと国民との約束の履行であった。これは個人レベルの問題への連邦政府の介入を意味し，ニューディールの延長線上にあるといってもよい。しかし，特定地域（地区）や経済的な弱者の窮乏を全国的な問題としてとりあげ，連邦の政策に位置づけたところに30年代との決定的な差異がある。連邦の再分配政策はより直接的，包括的に制度設計や変更がなされ，みずからの手による結果の平等の実現にむけて舵をきったのである。

7．「国際流動性のジレンマ」―新しい国際問題

　1950年代はじめまでに圧倒的な経済力と軍事力をもつアメリカを中心に，自由主義経済諸国は安全保障体制を確立するとともに，経済成長のための基盤づくりを完成した。いわばパックス・アメリカーナの成立である。

　パックス・アメリカーナのなかで国際経済秩序の基礎となったのは，いわゆるIMF体制であった。IMF体制のもとでは，加盟国の通貨の平価は金あるいは金と一定の交換比率（金1オンス―35ドル）をもつアメリカ・ドルによって表示され，加盟国は自国通貨と金あるいは他国通貨との一般交換性を保障する義務を負った。ただしこれには例外規定があり，当面国際収支の赤字をかかえた国は，交換を停止し，為替取引を制限することが許された。しかし，できるかぎり速やかに交換性の回復と為替制限の撤廃につとめるべきことがもとめられた。

　IMF発足当時，金との交換性を維持することができたのは，アメリカのドルだけであった。ドルはアメリカ製品に対する海外からの強い需要と，250億ドルにおよぶ金準備に支えられていたからである。アメリカ以外の国は，第二次大戦に勝ったものも負けたものも，戦禍に生産設備を失い，売るべき商品もなく，食糧，燃料および原材料などを輸入しなければならなかった。どの国も，例外なくドルを求めていた。「ドル不足」が世界中の一般的

現象で、ドルだけが強い通貨であった。IMF体制は本来「ドル本位制」ではなかった。しかし、戦後の世界経済の現実のなかで実質的にドルに世界通貨の役割が与えられたのである。

IMFはまた、各国通貨の平価決定に固定相場制を採用した。新しい制度のもとでも金本位制がもつ平価安定効果をもたせたいと考えたからである。その結果、加盟国は、自国通貨が金平価の上下1％の範囲内にとどまるよう為替市場に介入する義務を負うこととなった。たとえばドルに対する需要が高まり、マルクの相場が下落するとき、ドイツ政府はドルを放出してマルクを買い支えなければならない。その結果、ドイツは外貨準備を失うから、国内の財政・金融を引き締め、輸出を振興して輸入を抑制し、ドルに対する需要を鎮静させなければならない。つまり金本位制度の自動調節作用を人為的に行うことによって、平価を維持しようということである。

さて、自由企業体制のもとでは資本の国際間移動は自由であるのが原則であり、望ましいことであると考えられている。他方、金融・財政政策は部分的には国際収支対策に用いられるにしても、主として国内の雇用を維持するために用いられるべきであるという考えが支配的であり、その実施のタイミングや規模は、各国政府の主権にかかわる事柄であり、自由裁量にまかせられていた。

こうして打ちたてられた国際経済の秩序は、各国経済の復興と繁栄という観点からみるとき、その機能を十分に果たした。しかし秩序の柱となった(1)国際決済通貨に金とドルを用いること、(2)固定相場制、(3)資本の自由移動、(4)各国独自の財政・金融政策、の4つは相互に矛盾した効果をもっており、整合的であるとはいえなかった。ほどなく矛盾は顕在化し、やがてシステム全体の崩壊につながっていったのである。

1950年代前半からヨーロッパや日本の経済は著しく回復し、第二次大戦前の水準を超えて成長しはじめた。50年代後半になると、日本は高度成長期にはいったし、ヨーロッパでもEECが発足して、高水準の持続的成長がはじまった。

ヨーロッパ諸国や日本の経済が回復し、成長しはじめると、これらの国の

製品の国際競争力が増し，輸出が増え，輸入の伸びが落ちた。また急成長しつつある経済は投資市場としても魅力的なものとなり，資本も流入しはじめた。その結果，ドル不足は徐々に解消することとなった。

ドル不足の解消はまさに戦後の終焉を告げる出来事であった。そしてそのこと自体は，アメリカにとっても大いに歓迎すべきことであった。しかし，ドル不足の解消はアメリカからのドルの流出を意味した。

1950年代のアメリカは当然のことながら，世界最大の輸出国であると同時に輸入国であった。アメリカの輸出は世界総輸出の約5分の1，輸入は世界総輸入の約8分の1であった。もっともアメリカの貿易依存度は低く，輸出—GDP比は4%にすぎなかった。アメリカの貿易収支は一貫して黒字であったが，資本収支は常に赤字であった。海外投融資や対外援助が，貿易の黒字を相殺するというかたちになっていたのである。

1950年代後半になって，ヨーロッパと日本の経済が成長しはじめると，アメリカの輸出の伸びが落ち，輸入が増えはじめた。その結果，アメリカの財・サービスの対外バランスは，1957年の57.3億ドルの黒字から，58年の22.1億ドル，59年の1.5億ドルの黒字へと減少した。その後，黒字幅は増大するが，64年を山としてふたたび減少することとなる。

他方，資本収支の赤字は増加した。政府による援助や資本純輸出は，1954年頃まで減少を続けたが，55年からふたたび増加しはじめ，59年を除いて61年まで20億ドルから30億ドルの間，62年から66年までは30億ドルから40億ドルの間で推移した。

しかし，アメリカの国際収支にもっとも大きな影響を与えたのは，民間資本の流出であった。55年には短期のものも含めて12.6億ドルであった民間資本流出は，56年には30.7億ドル，57年には35.8億ドルと急激に増え，その後も年間20億ドルから40億ドルの水準でつづき，64年に65.8億ドルに達している。1957～61年，第2次アイゼンハワー政権のもとでアメリカ経済が停滞したため投資機会が減少したこと，高成長をつづけるヨーロッパ経済が投資対象としていっそう魅力的になったこと，1958年には主要先進国の通貨の交換性が回復したこと，などがその原因であったと思われる。

このような諸変化の結果として，アメリカの総合収支は57年に6億ドル足らずの黒字があったのを最後に，その後毎年20億ドルないし30億ドルの赤字をつづけることになった。同時に，アメリカからの金流出がはじまった。1950～57年，アメリカの金保有高は220億ドルから230億ドルの間で比較的安定していたが，1960年には180億ドルとなり，さらに減少をつづけた。

　IMF体制のもとでドルが国際通貨となったのは，各国が好んでドルを求めたために生じたドルに対する「信頼」からきたものであった，ドルだけを国際通貨にするという規定があったわけではない。しかし，一国の通貨であるドルが国際通貨としての役割をも演じるというIMFの組織は，はじめからいくつかの矛盾をはらんでいた。そのなかで最初に顕在化したのは，流動性のジレンマであった。

　世界貿易が拡大するにつれて，その決済や外貨準備にあてる国際流動性への需要は増大する。国際流動性を金とドルだけで供給する場合，金価格は1オンス35ドルで固定的であり，金の生産量からみて，金による流動性の増加は毎年せいぜい1ないし2%である。世界貿易が年率7ないし8%で伸びるとすると，残りはドルの供給によってまかなわれなければならない。つまり，アメリカの国際収支は毎年それだけの赤字をだしていかなければならないことになる。他方，国際通貨としてのドルの信頼を保つためには，アメリカの国際収支は黒字，あるいは少なくとも均衡していて，ドルはどの国からも求められる強い通貨であり続けなければならない。

　アメリカが財やサービスの輸出で大幅な黒字を計上し，経済援助や海外投融資でドルを供給するというかたちが存続している間は，ドルに対する信頼は揺るがなかった。しかし，アメリカの財とサービスの貿易の黒字幅が減る一方で民間資本流出が増大するという状況になると，ドルに対する信頼がうすれ，金兌換請求が起こり，アメリカは金準備を失うという結果になっていったのである。このような状況を改善するために，1970年になって新準備資産として特別引出権（SDR）が創設されたが，期待が大きかったわりには，十分に機能しなかった。

第6章
「ニューフロンティア」とその後

1. ケネディとジョンソン

　1960年の大統領選挙をむかえて民主党は，選挙に勝つ可能性が十分にあると思いはじめた。アイゼンハワー個人の人気はまだ衰えていなかったが，憲法修正第22条のせいで3選を目指すことは不可能であった。共和党は副大統領ニクソンを大統領候補に選んだ。民主党では候補者決定の長い争いが続くのではないかと思われたが，マサチューセッツ州出身の上院議員ジョン・F. ケネディが予備選挙で強さを発揮すると，予想されたほどの困難もなく大統領候補に選ばれた。ケネディは副大統領候補にテキサス州出身のベテラン上院議員リンドン・B. ジョンソンを指名した。

　人びとは共和党の治世に失望を感じていた。景気後退のために1958年には労働力人口の6.8%が失業者となった。1959年と60年には失業率は5.5%に低下したが，景気回復というには程遠い状態であった。1957年にはソ連がスプートニクを打ち上げ，科学技術の面においてもアメリカの指導的地位は低下していることが明らかとなった。

　選挙戦でニクソンはアイゼンハワーと共和党の実績をたたえ，みずからの外交，内政における経験の豊かさを前面に押し出し，共和党政治の継続発展こそアメリカの進むべき道であると訴えた。一方，民主党のケネディは，戦争中の勇敢な戦歴と議会におけるリベラルな言動を背景に，きわめて組織的な選挙運動を展開した。彼にとって不利と思われたのは，彼が若く未経験であり，カトリックであるということであった。彼は，共和党のもとで世界におけるアメリカの相対的地位が低下したこと，アメリカは強くたくましく前

進しなければならないことを主張した。

　1960年の選挙戦は，テレビが重要な役割を果たした最初の選挙でもあった。両候補ともテレビを積極的に活用して自分のイメージの定着をはかった。また4回におよぶ公開討論会では不利と思われていたケネディが，百戦錬磨のニクソンに対して一歩もひけをとらず，その若く魅力的な容貌とさわやかな弁舌でかえって人気を高めた。選挙戦の結果は大接戦となり，ケネディは一般得票でわずか12万票弱の差をもってニクソンに対する勝利をおさめた。

　アメリカ史上，選挙で選ばれたもっとも若い43歳の大統領の出現はアメリカ国民にある種の興奮をもたらし，新しい時代への希望をいだかせた。政治に対して疎外感をもっていた知識人もケネディのまわりに集まり，すすんで協力した。アメリカという国家の目標を定義し，設定する報告書や研究が数多く発表された。月ロケットや超音速旅客機の開発は，国家的なプロジェクトとなって研究者を刺激したし，若者たちは新しく発表された平和部隊に夢と使命感とをかきたてられた。経済面では不況を克服し，経済を繁栄の軌道にのせることが先決であった。ケネディは多くのケインズ派の経済学者を公式，非公式の顧問に迎え，新しい考え方のもとで減税計画を発表した。

　ケネディは，アメリカがなすべきことは多いと考えた。そのなかには，貧困や公民権の問題があった。アメリカがその経済力と英知を傾け，勇気と決意を持って前進するならば，解決されない問題はありえないとケネディは論じた。彼のプログラムは「ニューフロンティア」と名づけられた。

　しかし，ケネディ政権は必要な法案の議会通過を実現するだけの実行力に欠けていた。ケネディの貢献は，主として今まで人びとが注目していなかった諸問題の存在を指摘したことにとどまり，問題解決の具体策の多くは次期大統領に委ねざるをえなかった。

　ケネディは1963年2月13日，テキサス州ダラスで暗殺者の銃弾に倒れた。ケネディ暗殺の状況や暗殺容疑者リー・ハーヴェイ・オズウォルド殺害の様子は直接テレビに映し出され，アメリカ国民に大きな衝撃を与えた。アメリカは悲しみに沈んだ。その様子を見てもケネディが国民に深く愛された

大統領であったことがわかる。

　ケネディのあとを引き継いだジョンソンは「レット・アス・コンティニュー」という彼の言葉からわかるように，ケネディによって立案された計画の推進を約束した。しかし，ジョンソンのスタイルはケネディとまったく違っていた。ジョンソンはケネディのように知識人に訴えるものをもたなかったが，議員としての長い経歴があった。ジョンソンの連邦議会との太いつながりを背景に，国内問題に関する多くの法律が次々と成立した。そのなかには 1964 年 7 月の公民権法，8 月の経済機会法があった。

　1964 年の大統領選挙はジョンソンと共和党のアリゾナ州選出上院議員，バリー・M. ゴールドウォーターとのあいだで争われた。ゴールドウォーターは共和党の保守派を代表し，国内問題については肥大化した政府と労働組合に反対し，農産物価格支持制度や社会福祉制度に対しても批判的ないしは反対の立場をとった。ゴールドウォーターの率直さと正直さを疑う人は少なかったが，彼の見解は多数のアメリカ人の賛成を得るには偏りすぎていた。ジョンソンは経験を前面に出して実務的，中道的姿勢を崩さず，選挙では圧倒的な強さを示してゴールドウォーターに大勝した。

　大統領に再選されたジョンソンは，フランクリン・ルーズベルトを尊敬するニューディーラーであった。彼は独自の「偉大な社会」（Great Society）と呼ばれる広範なプログラムを掲げた。そのなかにはケネディ減税，人種差別廃止諸法，選挙権行使保護に関する諸法，高齢者に対する健康保険（メディケア），教育に対する連邦支出などが含まれていた。さらに，後述する「貧困戦争」（War on Poverty）プログラムも実行に移された。また移民法も改正され，移民の出身国による差別は撤廃された。

　ジョンソンの積極的な経済政策と，ヴェトナム戦争の拡大にともなう戦費の増加は，1967 年以降，経済を過熱させ，インフレを招く誘因となった。それとともに，ジョンソンの国内プログラムも資金難に陥り，人びとはその有効性に疑いをもちはじめた。ジョンソンは自分の再選が難しいと判断し，1968 年次期大統領選に出馬しないと発表した。

2. ネオ・ケインジアンたちの経済学

　経済学者が1940年代末から60年代初頭の経済を鳥瞰すると，ケインズ経済学のおかげで景気後退の期間は浅く短くなったが，拡大局面も45カ月，35カ月，25カ月と短縮していることに気づいた。しかも成長率は平均して低く，また好況時になっても失業率は比較的高い水準にあった。「長期停滞」と論じる人たちが増えた。すでに述べたように，ケインズ経済学の求めるところはいかにして不況を回復するか，経済変動の幅を小さくするかが目的であったが，新たに求められたのは，長期停滞の打破と成長にむかうための処方箋であった。つまり循環モデルから成長モデルへの転換である。

　ケネディは「雇用法の精神」に立ち戻ることを求めるとともに量的目標を設定した。それは60年代後半までに失業率を4％にまで引き下げ，実質経済成長率を4.5％に高めるというものであった。そのような目標の背後に米ソの経済競争や宇宙開発競争があったことを否定できないだろう。

　ケインズ派経済学者たちが目標設定のために支持した手段は，積極的な財政政策であった。これに対しては3種類の反論があった。財政赤字はインフレを招くという新古典派，ケインズ経済学は経済変動の緩和のためのものであり，経済成長のためのものではないとする旧ケインズ派，そして第3は現在の失業は構造的なもの（技術革新や産業構造の変化）で，財政政策で減少させることはできないとする制度派である。これらの反論を効果的に論破した人びとはネオ・ケインジアンと呼ばれた。

　経済成長のためのわかりやすいモデルは「GDPギャップ」あるいは「アウトプット・ギャップ」と呼ばれるものである。GDPギャップは（実際のGDP－潜在GDP）／潜在GDPと定義される。図6-1は2005年価格によって実質化されたGDPと潜在GDPの推移である。当時は失業率4.7％を完全雇用水準とし，ほぼその水準であった1955年半ばを基準点にとった。そして，労働力と人口の増加率と労働生産性の上昇率をあわせた潜在成長率を3.5％とし，傾向線をひいた。そのため，2005年価格によって示された図と

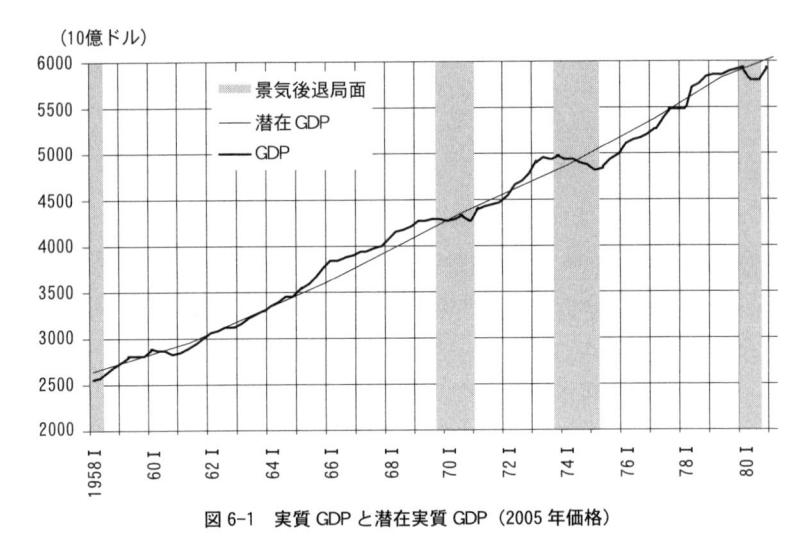

106　第6章 「ニューフロンティア」とその後

図 6-1　実質 GDP と潜在実質 GDP（2005 年価格）

注）　なお，景気循環は月別に公表されるため，四半期データにもとづくこの図では若干のずれが生じている。
出所）　Federal Reserve Bank of St. Louis の HP より DL して筆者作成。

は若干の相違があることを断っておきたい。

　今日では潜在 GDP は IMF や OECD といった国際機関が定義しており，「インフレを加速させない GDP」とか，「インフレを生じさせない GDP」と定義されている。また，アメリカの議会予算局によれば，潜在 GDP とは「労働や資本の利用が高水準にあるときの GDP」（2001 年）である。ただし，技術的には生産関数から推計するのか，ネオ・ケインジアンモデルを用いるのかによって大きさも異なる。

　図 6-1 からは，以下の 3 つの期間で潜在 GDP を現実の GDP が上回っていることがわかる。それは，① 1964 年第 I 四半期から 69 年第Ⅳ四半期まで，② 72 年第Ⅱ四半期から 74 年第Ⅱ四半期，③ 78 年第Ⅱ四半期から 79 年第Ⅳ四半期までである。これらを除けば，潜在 GDP は現実の GDP を上回っており，経済政策が適切であったとすれば埋めることができたと理解される。

　ケネディは国防，対外援助，学校建設，都市再開発など支出を増加させる

とともに，投資減税や減価償却期間の短縮（加速度償却）など設備投資の促進をはかった。ここに1963年に提案され，ジョンソン政権のもとで実現した大幅な所得減税が加わった。①の期間は61年から69年にいたる長期の景気拡大サイクルの後半にあたる。長期にわたって潜在GDPを現実のGDPが上回っており，ここにケネディ＝ジョンソン時代の経済政策による経済の急拡大がうかがえる。ただし，当時は支出の急拡大にもかかわらず，連邦予算が黒字に転換したことは，1980年代以降のアメリカとは様相が異なるのである。

しかし，実際には1965年なかばには，経済拡大から好況管理へと問題の方向性が変わりはじめていた。経済が完全雇用に近づいたちょうどその頃にヴェトナム戦争が激化し，65年7月と66年1月にあわせて50億ドルの追加支出が認められ，景気が過熱気味になっていた。総需要管理という観点からすれば増税が行われるべきであったが，増税は政治的に難しく，増税法案は68年6月まで成立しなかった。68年春にはインフレ率は4％台になり，利子率は上昇した。そして，国際収支の推移を示した図6-2からわかるように，68年の財・サービス収支の黒字は前年の10分の1以下に減少し，さら

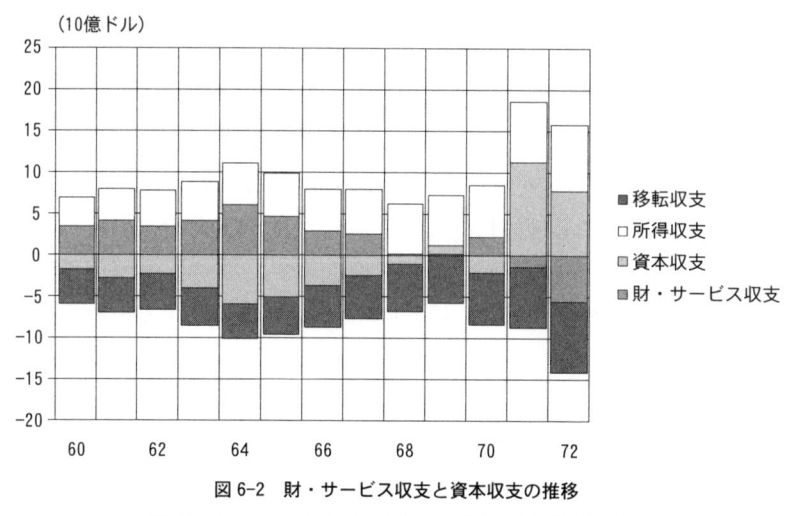

図6-2 財・サービス収支と資本収支の推移

出所) *Economic Report of the President* より筆者作成。

に69年には1億ドルの大台を割った。

3．偉大な社会と貧困戦争

3.1 政策の中心になった貧困

　再選されたジョンソンは，ケネディの陰から出て独自の政策目標をかかげる必要を感じた。大統領選挙はケネディの死の翌年に実施されたが，同時に行われた連邦議会選挙では民主党に大量の議席が与えられた。長年上院議員をつとめたジョンソンは議会との太いパイプもあり，すでに述べたような理想主義的とも思えるような法案が次々と成立していった。

　彼の国内政策は「偉大な社会」と「貧困戦争」というプログラムに集約される。アメリカは人類史上かつてないほど「ゆたかな社会」を建設した。しかし，そのアメリカにも貧困が存在する。貧困があるうちは「偉大な社会」ではないという考え方である。こうして，ケネディの理想であった貧困や生活の質の改善は，現実の政策の中心におかれることになった。

　まず，ジョンソンは貧困を撲滅するために経済機会局を創設した。そして，貧困の原因を究明し，多様な原因に対して適切な対応策をとるべく，基礎教育，職業訓練，地域社会活動の支援および中小企業経営者の支援を実行しようとした。さらに平和部隊の国内版をつくり，貧困撲滅の国民運動を起こした。

　貧困消滅の目標年は，アメリカが建国200年を迎える1976年であった。計画では72年までに経済成長によって730万人，経済機会局が中心となって行う事業によって800万人，負の所得税によって800万人の貧困が消滅する。そのために66～72年に210億ドルの連邦支出を実施するという提案であった。負の所得税とは，アメリカ国民ならば最低でも保証されているべき所得水準を定め，その水準まで貧困者に補助金を与えるというものであった。財源は高所得者に対する累進課税の強化に求められた。しかしながら，ヴェトナム戦費の増大（67年250億ドル，68年300億ドル）によって負の所得税をはじめ，経済機会局のほとんどの構想も実現することはなかった。

写真　アパラチアの石炭を輸送するバージ船（オハイオ川，ケンタッキー州）筆者撮影（2005年）

　ジョンソン時代に創設されたプログラムのなかで，取り上げられる機会は少ないが，継続されているものがある。それは，アパラチアの地域開発である。ガルブレイスが自著で1950年代に「島の貧困」の存在を指摘しており，アパラチアはその代表地域であった。1965年，アパラチア地域開発法が成立し，連邦資金が特定地域に投入されることが決定された。

　ケンタッキー州とテネシー州東部を中心とするアパラチアは，戦前から産業の流出や経済の衰退に悩む問題地域のひとつであった。アパラチアの基盤産業は石炭であるが，炭鉱の所有者は地域外の企業であり，住民はその企業の労働力にすぎなかった。坑内掘り中心であるアパラチアの炭鉱労働は，事故や災害などの危険と隣り合わせの仕事であるが，それなりの所得を得ることができる。高い教育を受けた学校教師よりも炭鉱労働者の所得が高ければ，子どもの教育に対するインセンティブが働かない。そのため，学校の中退率が上がり，地域の教育水準も低くなる。

　しかも，経済成長とともに長期的には人命の価値が高くなるから，労働から資本への代替がすすみ，石炭の消費量や価格は景気の影響を受けやすい。たとえば，後述する石油危機などが発生して原油価格が上昇すると，石炭需

要が増加するというサイクルがある。また，企業にとって危険な過程を可能なかぎり機械化し，それでも最終的に採算が合わずに閉山することは合理的である。未熟練の炭鉱労働者の他産業へのシフトはすすまず，失業するか，他の炭鉱に移るしかない。したがって，地域別の鉱業所得を従業者人口で除した1人あたり所得（名目値）が増加しても，それは炭鉱に依存した地域経済の繁栄や人びとの生活の改善を意味しないのである。

ケネディはこのようなアパラチアの一部であるウェストバージニア州における民主党予備選において地域に対する援助を約束していた。ケネディはアパラチアの実情を調査する大統領アパラチア地域委員会を創設し，同委員会の報告書にもとづいてアパラチア地域開発法案がつくられた。

法案ではアパラチア地域は，その地形を起因とする孤立ゆえに全国的な発展から取り残されたとされた。そのため，孤立の解消を目的とした総延長3,000マイルにおよぶ道路整備が開発計画の中心に置かれた。道路は地域外との流動を活発化させ，採炭業に依存する疲弊した地域経済を活性化させ，構造を変化させることまでも期待された。加えて，アパラチアの教育水準は他地域に比べて低く，幼児死亡率は高かった。こうした生活の質を改善すべく，同法には職業訓練，初等中等教育の充実および基本的な医療施設の建設などのプログラムも盛り込まれていた。結果からみれば，アパラチア計画はこのような人的資源投資を含む総合的な地域開発計画であった[1]。

地域開発を担当するのは，ワシントンDCにあるアパラチア地域委員会である。この組織はレーガン大統領からは廃止の提案がなされたが，今日まで存続している。アパラチアには1968年にニューヨーク州とミシシッピ州の

---

[1] 道路計画は1998年に連邦の道路計画に移管され，継続されている。この計画はインターステート道路のギャップを埋めることを目的としており，現在87%が完成するか建設中である。そして，組織も当時としては斬新であり，大統領が任命する連邦代表と州代表がトップに座り，郡の連合体である地方開発地区からあがる開発計画を承認するボトムアップスタイルがとられた。このスタイルは2000年にミシシッピ下流地域開発公社に引き継がれ，現在，アパラチアを原型とする広域的（multi-state）な地域開発が2カ所で行われている。

なお，アパラチア関係州には26名（13州×2名）の連邦上院議員，146名の同下院議員がいる。とりわけ，前者は全体の4分の1を占めており，アパラチア開発の政治力を示唆している。現実に，レーガン時代に組織の廃止が提案されたにもかかわらず存続しえたのは，こうした政治と無関係ではあるまい。

図 6-3 アパラチア地域（2010 年時点の指定地域）
出所）　MapLand ソフトを使用して筆者作成。

郡が加わり，その後もいくつかの郡が加入している。したがって，地域開発の対象地域は，図 6-3 に示すような 13 州 410 郡にまで拡大している。

3.2　60 年代の社会ムード―結果の平等と参加民主主義―

　1960 年代はきわめて興味深い 10 年であった。それは科学者と技術者の時代であった。およそすべての公共計画は，科学者や経済学者によってつくられた合理的な計画となった。その対象は都市再開発，交通，医療，教育，貧困など広範囲におよんだ。専門化されたスタッフが各領域で需要を予測し，供給計画や資金計画をつくり，政府はそれらにもとづいて政策を実行すべきものとされた。偉大な社会を実現するために創設された経済機会局は費用－便益分析によってプロジェクトを評価していた。

　また，60 年代は科学技術の進歩と将来の世界に対する楽観主義が支配し

た時代であった。1969年7月には科学技術者の手によって，人類は月にまで到達した。抗生物質がつぎつぎに発見され，多くの病人の命が救われた。大型ジェット機の就航は世界を小さくしたし，超音速機も間もなく実用化されるであろうと確信されていた。このような科学技術の進歩の速度をみれば，人類が宇宙をわがものとし，時間や距離の障壁を取り払い，病気や災害をすべて克服する日も近いであろう，計画さえ間違えなければ貧困のような社会問題さえ，まもなく解決されるにちがいない，と思われた。しかし，このような科学万能の神話が流布していた背後で，新しい政治・経済思想がうまれつつあった。

　ジョンソンの貧困戦争は，二面性をもった計画であった。それはアメリカが全力をもって戦えば，貧困の問題は解決されるという楽観主義にもとづいていたが，同時に今までとは異なる民主主義に関するふたつの考え方を含んでいた。そのひとつは「結果の平等」であった。貧困戦争は，伝統的な平等概念である機会の平等を求めたものではなく，結果においてアメリカ人はある一定水準以上の生活を享受するべきであるという考えに裏付けられていた。いまひとつは「参加民主主義」であった。貧困は純然たる経済問題ではなく，貧困者のなかに動機の欠如，無気力，疎外感がある限り解決しない問題であるという認識から，自主性と参加が強調された。政治や経済の過程に積極的に参加することによって共通のフィーリングを得，疎外感を克服することが問題解決の鍵と考えられたのである。

　他方，結果の平等と参加民主主義は科学技術が管理する社会体制の反対勢力となるエネルギーを秘めていた。60年代末以降のインフレと高水準の失業の併存（後述するスタグフレーション），73年の石油危機，それに続く長い不況は，経済学者の経済管理能力に疑念を抱かせた。60年代の交通に対する大規模な投資にもかかわらず混雑は緩和されず，都市計画は犯罪を減少させるどころか都市財政を破綻させ，その活力を奪った。抗生物質は万能でないことがわかったし，癌はいっこうに征服されそうになかった。たしかに人類が月に到達したことはすばらしかった。しかし，技術者は人間の日常生活にとって基本的な問題を，何ひとつ解決しなかったようにみえた。

そして人種差別撤廃運動もいっそう勢いづき，黒人以外のマイノリティや女性もそれぞれの差別撤廃を叫んで運動を展開した。消費者運動も新しい民主主義の担い手であった。60年代には『コンシューマー・リポート』誌の発行部数だけでも200万部を超え，65年以降はラルフ・ネーダーの活躍が世間の注目を集めた。こうしてケネディ＝ジョンソン時代には多くの消費者保護立法が議会を通過した。

技術万能の神話が崩れるとともに人びとは，技術者でなく自分たちが自分たちの生活にとって基本的なことを決定する権利をもつと主張しはじめた。それが高速道路の建設，超音速旅客機の開発，その他あらゆる大規模な投資計画に対する反対運動となって，1960年代末からのアメリカ社会を彩った。

環境保護運動も60年代に多くの住民の参加を得て大きく前進した。ニューディール期の地方分散化運動，緑化運動に影響を受けていたジョンソン大統領は，環境問題を連邦政府の国内政策のひとつとしてとりあげ，偉大な社会計画のなかに含めた。1968年から69年にかけて議会は環境に関する法案の洪水となった。1970年には国家環境政策法がニクソン大統領のもとで成立し，連邦環境保護局が設立された。

環境に関する一連の法律のなかで社会的影響がもっとも大きかったのはマスキー法として知られる大気浄化修正法（Clean Air Act Amendments of 1970）であった。マスキー法は製造される自動車の排気ガス中の一酸化炭素，炭化水素（HC）および窒素酸化物（NOx）などの排出量を一定水準以下に規制するものであった。そして，同法は基準を満たさない場合，自動車の販売ができなくなるという厳しい内容であり，アメリカの自動車産業には基準の達成が不可能だと思われた。マスキー法は廃案になったが，日本の自動車産業は排ガス改善や省エネのための投資を進めた。結局のところ，二度にわたる石油危機で燃費に勝る日本の自動車の信認を高めることになった。

これらの運動やその結果制定された法律は，いずれも民主主義のいっそうの拡大と深化という時代のムードを代表していた。そのような時代のムードを醸成し発展させた大きな要因のひとつに，裁判所のリベラルな判決があった。法律は多くの場合，原則を設定するにすぎず，判例によって肉付けされ

る必要があった。市民団体は法の適用に関して数々の訴訟を起こし、裁判所は相次いでリベラルな判決を下したのである。

4．ニクソンとウォーターゲート

4.1 スタグフレーション

　1968年は、アメリカ史上まれにみるほど暴力が猛威をふるった年であった。ヴェトナムでは戦争がたけなわであり、それにともなう徴兵の問題が若者たちの頭を悩ませていた。黒人の暴動は鎮静していなかったし、キング牧師の暗殺後は都市部で激しさを増していた。白人のまき返しも強まっていた。民主党の大統領候補を目指していたロバート・F．ケネディも暗殺され、多くのアメリカ人はケネディ一家の悲劇に深い同情をよせた。シカゴにおける民主党大会にはニュー・レフトとヴェトナム戦争反対のデモ隊が押しかけ、市警察と激しく衝突した。

　1968年の大統領選挙は近年には珍しく3党の争いとなった。民主党と共和党のほかにアラバマ州前知事のジョージ・ウォーレスがアメリカン・インディペンデント（アメリカ独立党）の候補となったからである。ウォーレスは南部5州を獲得したが大統領には共和党候補のニクソンが民主党のヒューバート・ハンフリーを僅差で下し、当選を決めた。

　ニクソンはアイゼンハワーのもとで副大統領をつとめた人物で選挙中は穏健中道な立場で党派的な問題を避け、「法と秩序」を強調した。暴力が吹き荒れていた1968年当時「法と秩序」の強調は当然のことと受け取られた。

　大統領に就任したニクソンは国内問題に関して急激な変化を求めず、穏健で実際的な対策を指向した。彼は、所得税法を改正して富裕者の抜け道をふさぎ、黒人を雇うよう企業を説得する一方で、国家福祉体制の全面改正を提案した。後者は議会の反対を受けて成立しなかったが、連邦政府の支出項目のうち福祉関係費は大幅に減少した。

　1971年ペンタゴン・ペーパーズ報道事件が生じた。『ニューヨーク・タイムズ』と『ワシントン・ポスト』がヴェトナムに関する極秘文書を入手し、

その連載をはじめたのに対して，政府が差し止めを求める訴訟を起こしたのであった．国家機密と報道の自由の相克が争点であったが，結局において文書の公表が認められ，ヴェトナム戦争に関する世論に決定的な影響をおよぼした．戦争が終了したのは1973年であった．それ以前の1971年には憲法修正第26条が成立し，投票権は18歳に引き下げられた．

経済面では，1969年の需要圧力はニクソン政権の思い切った連邦支出削減と，FRSの引き締めによってかなり緩和された．その結果，1970年の実質GDPは60年代に一度も経験しなかったマイナスとなった．反対に，失業率は70年に4.9%，71年に5.9%，72年に5.6%という高水準になった（図6-4）．これまでの経験則にもとづけば，失業率の上昇はインフレ率の低下をともなうはずであったが，消費者物価の上昇は止まらなかった．

71年度の財政赤字は232億ドル，1971年には貿易収支は20世紀にはいってはじめての赤字となった．こうしてニクソンは物価と失業率の上昇，赤字財政およびドルの流出と弱体化に伴うアメリカの相対的な地位の低下という

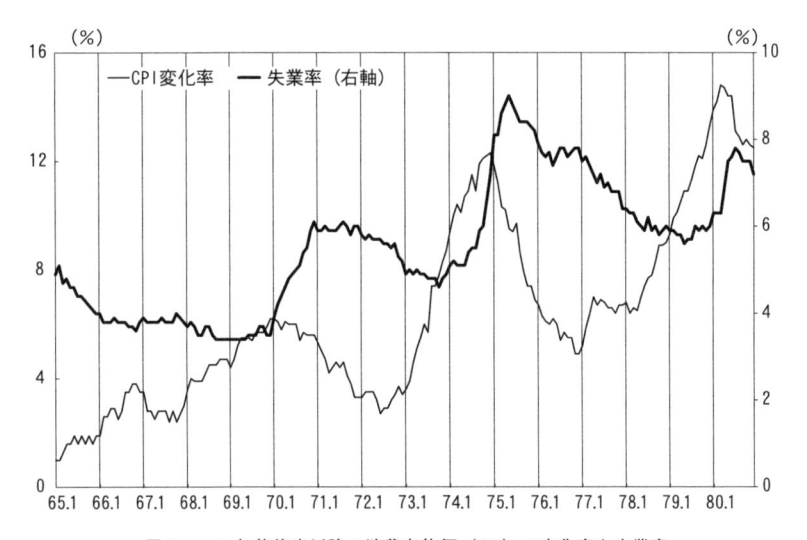

図6-4 60年代後半以降の消費者物価（CPI）の変化率と失業率

出所） CPIはBureau of Labor Statistics（季節調整なし，全米都市平均），失業率はFederal Reserve Bank of LouisのHPよりDLして作成．

このような事態を迎えてニクソンは1971年8月に「新経済政策」を発表した。新経済政策は驚きの念をもって迎えられた。なぜなら，新政策は賃金，価格の凍結，統制など従来の共和党の政策とはかけはなれた内容であり，ニクソンの個人的な信条とも矛盾するものだったからである。

ニクソンの所得政策は第1段階（賃金・価格の凍結とドルと金の交換停止，1971年11月まで），第2段階（食料，医療，建設などを除いて凍結終了，72年末まで），第3段階（凍結の完全終了，73年以降）にわかれていた。1973年になると世界的な景気拡大，凶作による穀物価格の暴騰にドルの切り下げが加わり，物価が急上昇しはじめた。

これに追い打ちをかけたのが，73年秋の第1次オイル・ショックであった。OPECの原油公示価格は73年10月と74年1月の2度の引上げによって約4倍に上昇した。その結果，74年10月には消費者物価の対前年同月比上昇率は12%に達した。こうしてニクソンの新経済政策は破綻した。インフレと失業とが共存する状態は「スタグフレーション」と呼ばれた。このことは，アメリカ経済がフィリップス曲線のあてはまらない事態に陥っていることを意味した。

図6-5に示した総需給の変動によってスタグフレーションの発生と持続の

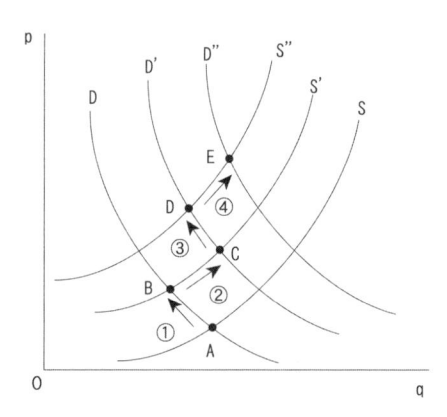

図6-5 スタグフレーションのメカニズム

メカニズムを簡単に説明しよう。まず，継続的なインフレや石油危機にともなう広範な原材料価格の上昇と労働生産性の低下（図7-1参照）は，総供給曲線を上方にシフトさせる。こうして，均衡点はAからBへと移る（①の動き）。これはコスト上昇にともなう生産調整という現象になって現れよう。

ここで雇用対策としてケインズ的な政策が実施されれば，総需要曲線は右にシフトし，均衡点はBからCへと移る（②の動き）。このとき，実質賃金の低下をうけ，労働組合はさらなるインフレを予想し，賃上げを要求するだろう。このとき，雇用者側にも同様のインフレ予想が形成されていた場合，要求を受け入れることになろう。これは人件費の上昇であり，総供給曲線は再び上方にシフトし，均衡点はCからDへと移る（③の動き）。再びケインズ的な政策が実施されればさらなる需要インフレを引き起こすことになる（④の動き）。

4.2 ウォーターゲート事件

1972年の大統領選挙は盛り上がりに欠けていたが，対立候補のマクガヴァン上院議員のつまずきもあり，ニクソンは大勝した。圧倒的な勝利はニクソンに自信を与え，国内問題についていっそう保守的な政策を採用させることになった。ニクソンは国防費を除く連邦支出を大幅に削減し，社会政策的な支出を極端にきりつめ，議会が支出に対して上限を定めるよう求めた。

しかし，第2期のニクソン政権はみずからの政策を実行に移す前に，ウォーターゲート事件からの自己防衛に狂奔するありさまとなった。ニクソンは最近のアメリカ大統領のなかでは特異な性格をもった人物であった。どちらかといえば孤独で，内にこもりがちな，また権力欲の強い人であった。連邦政府が強力になりすぎたと考えるニクソンが，結局のところ国家安全保障の名のもとに個人の自由をも侵害するような強大な権力を，ホワイトハウスに集中しようと務めたのは皮肉なことであった。

1974年8月9日，ニクソンは大統領を辞任した。現職の大統領がみずから辞任するのはアメリカ史上はじめてのことであった。事件に大統領も巻きこまれていた証拠となるホワイトハウスにおける会話テープの存在が明らか

になったとき，ニクソンは行政特権と国家の安全保障の理由から連邦議会への提出を拒否した。しかし，最高裁判所はテープの提出を命じた。テープの内容を知った議会と国民は，ニクソンが名誉ある正直な人間として行動しなかったと判断した。議会が大統領弾劾という行動にでることが明らかになったとき，ニクソンは辞任したのであった。

　ウォーターゲート事件がアメリカの内政におよぼした影響のひとつに，情報公開法の制定がある。この事件の後，アメリカ連邦議会はこうした事件の再発を防ぐための措置として連邦選挙運動法を制定し，1974年11月にフォード大統領の拒否権行使を乗り越えて成立した。「情報の自由法」（Freedom of Information Act）の改正法も，またその一環であったといってよい。ウォーターゲート事件の原因のひとつが補佐官など大統領側近による秘密政治にあったことからみれば，秘密政治を排除するために政府がもつ情報や資料の公開を法的に義務づけることは，当然のなりゆきであったからである。こうした情報公開の要求は，その後さらに拡大されて，1976年には会議公開法（通称，サンシャイン法）が制定され，連邦政府機関の会議は若干の例外を除いて，すべて原則的に公開されることになったのである。

5．無視されつづけた国際経済

　第二次大戦後のアメリカの経済運営における最大の関心事は，完全雇用の達成とそれにみあう成長率の維持にあった。その目標がほぼ達成されたのは1960年代であった。1960年から69年までの年成長率を平均すると4.2％で，ヨーロッパや日本に比べると低いが，20世紀アメリカのどの10年をとってみても，これほど高い成長率が達成されたことはなかった。

　1950年代以降，72年までのアメリカ国際収支の累積赤字は，886億ドルに達した。それがドル不足を解消させただけでなく，60年代後半からはドル過剰ともいうべき状況を生んだ基本的な要因であった。しかし，1960年代後半から国際金融市場が拡大し，多額の短期流動資産が高金利を求め移動しはじめたことが，「国際通貨危機」の直接的な原因となった。短期流動資

産の多くはアメリカ系国際企業，企業の現地法人や銀行の在外支店，外国銀行などが保有しており，1971年で総額2,680億ドルに達していた。この金額は，各国中央銀行，国際通貨機関によって保有される準備総額の2倍を超えていた。

多国籍企業（国際企業）は，ジェット機とコンピュータの産物であるといわれている。もちろんそれ以前にも国際企業は存在したが，1960年代のジェット機とコンピュータによって経営に技術革新が生じ，複数の生産拠点を複数の国におくことが経済的に合理的となったのである。これらの国際企業が蓄積した資金の少なくない部分がユーロダラー市場に流れ，一面ではヨーロッパにおける貿易拡大と資本形成に大きな役割を果たすとともに，他方ではIMF体制を根底から揺り動かすことになったのである。

短期流動資産は，もうけを求めて高金利の国に流れる。ある国が国内経済を引き締めようとして金利を高めると，資本が流入して，政策効果は中和される。国際収支が悪化して通貨価値が低下ぎみになると，資本は逃避して切下げ圧力は強まる。その逆も同時に起こる。こうして，IMF体制下の固定相場制，資本の自由移動，各国独自の金融政策は，短期流動資本の増加によってたがいに矛盾することとなったのである。

アメリカでは，もともと国内市場が大きく，国際的な取引は経済のごく一部分にすぎず，重要性が低いと考えられていた。そのため，国内のためにとられた政策が海外に影響をおよぼし，外国の事情がアメリカ経済に影響を与えるということに対する認識は深くなかった。

したがって，少なくとも1960年代においては，国際収支が国内の金融政策によって影響をうけるという認識も，金融政策によって国際収支問題に対処しようという発想も乏しく，金融政策はもっぱら国内の景気対策に関連してのみ用いられた。そのようななかでも，連邦政府はドルの流出が顕著になると，61年にはオペレーション・ツイストという変則的な公開市場操作を実施した。これは，短期債の売りオペと中長期債の買いオペを同時に実施することである。ドルの流出を止めるため，短期金利の引き上げと国内の経済拡大策としての長期金利の引き下げを目的としたものであった。しかし，短

期債市場と長期債市場の区分が明確ではなく，情報が完全で資金流動が自由であれば，金利は均衡するはずであり，この政策の有効性は確認されてはいない。

さらに，ドルの流出を防ぐため，63年には利子平衡税，65年，68年には対外直接投資規制や対外信用規制というような直接統制も実施した。しかし64年後半に流出額が増大したのは，アメリカの長期金利が引き下げられたのに対して，諸外国の金利が上昇したために生じた資本移動の結果であると考えられる。また，66年のドル流出の改善は，インフレ抑制策としてとられた金融引き締めによるところが大きく，67年前半の流出の増大は国内金利の低下による短期資本の流出に原因があった。

アメリカは第二次大戦後に積極的な対外経済政策を実行した。しかし，それはおもにアメリカが世界でとびぬけてゆたかな国であるという現実と，それに対する責任感とからきたものであって，国際的な依存関係の深まりに関する認識があったからではなかった。

経済の現実は60年代後半になって急速に変化していた。しかし，それが何を意味するかについての理解は遅れた。ジョンソンのあとを引き継いだニクソン政権の国際収支対策は，ほとんど存在しないに等しかった。それは，当時「ビナイン・ネグレクト」と呼ばれた。これは，次の3つの考えにもとづいていた。

(1) マクロ経済政策は，国内対策にのみ用いられるべきである。
(2) 直接統制によって国際収支の改善をはかるべきではない。
(3) アメリカはドルを切り下げるべきではなく，ドルの為替価値の変更は他国通貨の平価の変更によってなされるべきである。

ニクソン政権のこのような姿勢は，諸外国のアメリカ経済政策に対する不信を募らせ，ドルに対する信頼をいっそう低下させた。アメリカからのドル流出はさらに増加した。ついにアメリカの財・サービス収支が赤字になるという歴史的な転換が生じた。

アメリカの財・サービス収支は，第二次大戦はおろか，20世紀にはいってから1度も赤字になったことはなかった。しかし，図6-2に示すように，

1971年に22億ドルの財・サービス収支の赤字が発生し、翌年にはそれが64億ドルにふくらんだのである。これはほぼ100年ぶりのことであり、アメリカにとっていわば未知の経験であった。

国際収支は以下のように定義される。

$$国際収支 \equiv 経常収支 + 資本収支 + 外貨準備収支の増減 = 0$$

アメリカの場合には外貨準備はほぼゼロであり、経常収支の内訳を加えると以下のように変換できる。

$$(財・サービス収支 + 所得収支 + 移転収支) + 資本収支 = 0$$

1970年以前のアメリカでは、純輸出にあたる財・サービス収支と過去の投資からの収益である所得収支の黒字を海外への援助や贈与などの移転収支のマイナスが減らすという形で定着していた。何よりも、経常収支の黒字を資本の海外流出（資本収支の赤字）でファイナンスしていたのである。

1971年8月、アメリカの金準備は110億ドルにまで低下した。しかもフランスをはじめ、なお数十億ドルの金交換要求が予想された。そこでニクソン政権はすでに述べたように、ドルと金の交換停止とその他一連の「新経済政策」を発表した。金交換停止は、IMF体制の根底をゆるがせた。各国政府と中央銀行は平価維持義務を放棄し、各国通貨はいっせいに固定相場をはなれて「フロート」した。為替相場の変動に対する不安から、先進国間の貿易が停滞したため、同年12月ようやく「スミソニアン合意」が成立した。金価値に対するドルの7.66％切下げ、円の16.88％切り上げをはじめとする通貨交換比率の多角的調整が行われて、為替相場はいちおう固定相場制に戻った。

しかし、その後もアメリカの財・サービス収支の赤字は増大しつづけた。1973年2月のポンド危機の再燃に際して、各国通貨は変動相場制に移行した。それとともにドルは再び切り下げられた。変動相場制への移行は、戦後の世界経済を指導して大きな役割を果たしてきたIMF体制がその役割を終えたこと、新しい体制が必要になったことを象徴的に示した。

6．相互依存体制の枠組み

　くり返しになるが，1950年頃のアメリカのGDPは，世界のGDPのおよそ半分を占めていた。アメリカの圧倒的な経済力は，それだけで自由世界の指導者として期待され尊敬されるに十分であった。しかし，ヨーロッパや日本の経済が急成長を遂げると，アメリカの相対的地位は低下した。1980年のアメリカのGDPは，世界の21.5%であった。日本と当時のECをあわせると31.4%を占め，アメリカのおよそ1.5倍となった。かつて図抜けてゆたかな国民であったアメリカ人は，数十年のあいだに並みのゆたかさをもつにすぎなくなった。アメリカが指導力を発揮してつくりだしてきた正常な状態とは，アメリカ経済の地位の相対的な低下を必然的にもたらすものであったということができる。

　しかし，新しい事態を迎え，みずからを自由世界の揺るぎなき指導者として考えてきたアメリカはヨーロッパ諸国や日本をパートナーあるいは競争者と認識しなければならなくなった。同時に，ヨーロッパ諸国や日本には世界の政治経済の秩序維持のための責任の一端を積極的に担う姿勢が求められた。パックス・アメリカーナは崩壊した。それに代わって，新しい責任分担体制によるパックスが必要になったのである。

　1970年代，アメリカの貿易依存度は急速に上昇した。70年代初頭の輸出—GDP比率は6%を上回る状況になっていたが，1980年には11%に達した。貿易立国をとなえてきた日本の同年の輸出—GDP比率も11%前後であったから，アメリカ経済に占める海外部門の大きさの割合は日本とかわらなくなったのである。同年，アメリカの製造業の製品の20%は輸出されていた。

　貿易収支の赤字，変動相場制への移行，アメリカの地位の相対的低下，貿易依存度の上昇などという事態は，アメリカ経済が世界の相互依存性の枠組みのなかに完全にとりこまれたことを意味している。次章で述べるように1970年代にはまた73年の第一次と79年の第二次という2度にわたる石油

危機があった。その影響の程度は国によって，またそのときに採用された経済政策によって若干の差があったが，影響を受けなかった国はなかった。もちろんアメリカも例外ではなかった。

物価の上昇，景気の後退，財・サービス収支の大幅な赤字，産業構造の変化にともなう摩擦の発生など，70 年代から 80 年代はじめの経済調整は容易ではなかった。明らかに経済政策の失敗と考えられる場合も少なくなかった。

世界経済の相互依存性の認識は深まったが，成長率の低下や高失業という状況のなかで，各国政府間の経済問題に関する不協和音は高まった。アメリカでもヨーロッパ諸国でも，保護貿易を要求する生産者や労働者が増え，国際経済は微妙な段階を迎えていた。アメリカは 1970 年代，80 年代のはげしい変動に対する自己調整を終え，90 年代にはふたたび不死鳥のようによみがえり，世界経済をリードする存在になっていくことになる。

第 7 章

規制「撤廃」とアメリカ経済

1. 70年代の混迷とフォード，カーター

　1970年代はアメリカ経済にとって試練の歳月であった。70年代の実績を60年代のそれと比較してみると，このことは明らかになる。平均値でみると，60年代に4.7%であった失業率は70年代に6.5%へと上昇したにもかかわらず，消費者物価（CPI）の上昇率は2.8%から6.5%になった。失業率の悪化とインフレの進行という右下がりのフィリップス曲線とは相容れない状態にあったことがわかる。そして，60年代に4.2%であった実質GDPの成長率は70年代に3.2%へと低下し，経済は停滞色を強めた。アメリカは試練にどう立ち向かい，どのような解決を見出したのであろうか。

　1974年8月ニクソンの辞任にともない，副大統領だったジェラルド・R.フォードが大統領に就任した。フォードはニクソンの任期中に辞任したアグニューのあとをついで任命されたために，選挙戦を経ずして大統領になり，なおかつ76年の選挙に破れているから，アメリカ史上初の一度も選挙に勝ったことがない大統領である。

　フォードが大統領に就任したときOPEC諸国が原油価格を一挙に4倍に引き上げたばかりで，図7-1に示すように，74年のCPIは対前年比で11%も上昇していた。フォードはインフレこそアメリカが直面する最大の敵であると考え，何にも増して物価の安定を政策目標の中心に置くと表明した。

　ここで性急な金融政策が採用されたため経済は不況に陥り，実質経済成長率もマイナスとなった。しかし，1974年11月，失業率が6.5%を超える水準に達すると，フォードは彼の言う「179度」（180度ではないという意味）

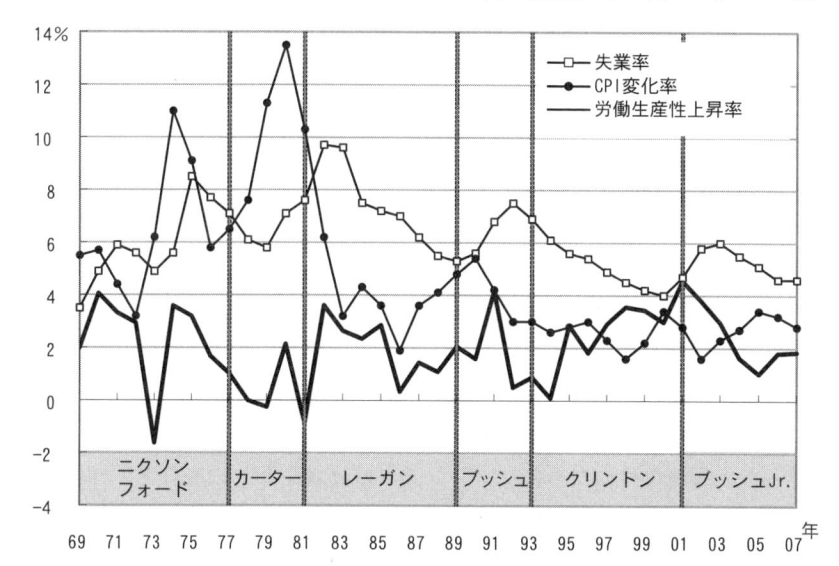

図7-1 1970年代以降の経済指標

出所）*Economic Report of the President* より筆者作成。

の政策転換を行い，景気振興策を採用した。しかし，失業率は低下せず，75年の経済成長率もまたマイナス（-0.3％）になった。そしてその後も景気の回復の速度は国際的要因もあって鈍く，インフレも鎮静しなかった。

1976年にアメリカは独立200年を迎え，多彩な催しが各地で行われたが，ヴェトナム戦争とウォーターゲート事件は，アメリカにまだ深い傷痕を残していた。同年は大統領選挙の年でもあった。フォードの対抗馬は，ジョージア州の知事だったというだけで全国的には未知のジミー・カーターであった。彼が予備選挙に出馬し，きわめて組織的な闘いぶりをみせて善戦しはじめると，「カーター現象」という言葉まで現れるほどの台頭ぶりをみせた。

この選挙戦でもテレビ討論が行われた。人びとはフォードを好ましく思ったが，指導者とみることはできなかった。カーターには未知数の不安があり，政見も具体性に乏しく，大統領候補としてのイメージはあいまいであった。しかし，人びとは彼の素朴な南部の農民というポーズに賭けた。こうしてカーターは南北戦争後最初の深南部出身の大統領となった[1]。また，現職

大統領が選挙に敗れたのは1932年のフーバー以来のことであった。

　カーター大統領の就任演説は誇大な表現を抑えた謙虚なものであっただけでなく，「「より多い」ことが必ずしも「より良い」とはかぎらない」ことや，「わが偉大な国でさえ，はっきりした限界がある」ことを指摘した。そして，独立後3世紀に向かわんとするアメリカは自由と正義とを重んじ，世界平和に貢献する国でありたいと論じた。

　70年代はまた思想的にも混迷の時期であった。科学万能神話は崩壊したが，それに代わる新しい思想はまだ生まれなかった。大衆運動は続いていたが，大学のキャンパスはヴェトナム戦争終結とともに平静を取り戻した。景気が後退すると，大衆運動の目標と経済政策の目標との接点に関して疑問が広がった。環境保全のためにパイプラインの建設をとりやめるとすれば，アメリカは燃料資源の不足に悩まなければならない。公害防止に対する過大な新投資は生産物を増加させず，コストを押し上げ，インフレを継続させる。ひいては失業率も増大させることになる。人びとは環境や公害や結果の平等を忘れたわけではなかった。しかし，それらが容易に達成されるものでなく，インフレや失業問題の解決とともに長い期間をかけて冷静に取り組まなければならないことと感じ始めたのであった。こうしてアメリカは，60年代に気づいた多くの問題の解決を独立3世紀目にもちこすこととなった。

2．規制撤廃

　カーター就任時の経済は不況から脱却しはじめていたし，物価も落ち着きを取り戻しつつあった。しかし，物価は76年から，失業率は79年からふたたび上昇に転じた。さらに，79年にはイラン革命を契機とする第二次石油ショックが起こり，ふたつの指標は急激に上昇した。

　規制撤廃（deregulation）は1970年なかば以前には規制改善（regulatory reform）と呼ばれていた。それはフォードにはじまり，カーターと

1　深南部とは典型的な南部の特徴をもつ州を言い，通常ジョージア，アラバマ，ミシシッピ，ルイジアナを指す。

レーガンだけではなく，90年代のクリントンにとっても国内政策の中心課題となった。規制撤廃の意味するところは，肥大化した政府部門，少なくとも官僚規制の縮小にあった。もちろん，規制はすべて議会で成立したからこそ法律になったものである。しかし，連邦政府の規制がアメリカ人の生活のほとんどあらゆる領域において損害を与えているという認識は80年代と90年代にいっそう強まった。

大統領たちが過大な規制を批判するにあたって，彼らの政治的本能に導かれていたことはまちがいない。彼らは大衆が何を考えているかという判断のうえに現状を批判し，大衆に訴えるような政策の指針を打ち出した。しかし，具体的に政策として何を実行するかということになると，彼らはスタッフのなかの経済学者の影響を強く受けたと考えられる。大統領府は経済諮問委員会やその他多くの経済運営・諮問機関をかかえており，それらは連邦支出の効率性やマクロ経済の安定と成長に深く関わっていた。

インフレとたたかう必要がなければ，フォード大統領は規制改善の擁護者とならなかったかもしれない。1974年夏，フォードはインフレ対策を論じるために，次々に有力な市民たちとトップ会談を開いた。これらの会合で，経済学者たちの意見はほとんど一致しなかったが，ひとつの点だけは例外であった。それは政府自身が市場の動きに対し，反競争的制限を加えることによってインフレに貢献しているということであった。

1974年秋，フォード政権は競争政策について明確な姿勢を打ちださなかった。しかし，彼は「規制改善」のための研究グループをつくり毎週ホワイトハウスで会合を開き，各種の団体，司法省および政府内機構などからの改善の提案をまとめる仕事をはじめた。規制改善がインフレ対策として有効であると考えたからであった。

しかし，間もなくフォードは規制改善を反インフレ計画であると位置づけることはやめ，それ自身が重要な政策目標であると主張しはじめた。その理由はおそらく，マクロ経済政策の179度の転換にあったと思われる。マクロ政策の目標が価格から雇用に移ると，規制改善とインフレとを結びつけるのが難しくなったのである。

フォードは規制改善を個人心理，アメリカ文化，そして経済学の観点から合理化した。彼はニューハンプシャー州での演説で次のように述べた。「競争の縮小は……自由企業体制を傷つける。競争……私はそれが政治においてよいことであり，スポーツにおいてよいことであり，それが生産性と技術革新の鍵であると考えている」。さらに彼は2週間後のワシントンにおける演説で，「われわれが欲するものをすべてわれわれに与えるほど大きな政府は，われわれがもっているものをすべて奪うほど大きな政府である」と述べ，直接的に大きな政府に対する批判を加え，それに対する政策の一環として規制改善を位置づけたのである。

フォードはなぜ規制改善にこだわったのであろうか。それは規制の緩和と撤廃が消費者の利益だけでなく，ビジネスの利益にもなると考えたからである。そして，規制批判が自由企業体制に対する伝統的なアメリカ人の心理と肥大化した政府に対するアメリカ人の不安に訴えるものをもっていると判断したからであろう。政府に対する不信感は，ヴェトナム戦争の後遺症やウォーターゲート事件に加えて，経済運営の失敗もあり，かつてなかったほどの高まりをみせていた。政府の活動を維持するための税金は高くなり，個人活動に対する介入は増える一方で，街角での犯罪は増加していた。

フォードは大きな政府を攻撃する彼の演説が温かく迎えられていることに気づいていた。経済問題の解決には，アメリカ建国以来の伝統的な価値観にかえることが必要だというわけである。こうして，政府は「ろくなことをしない」という昔から存在するアメリカ人の意識を背景に，フォードは政府活動の縮小を約束する政策が大衆の支持を得ると判断したのである。

他方，共和党政権のもとでケインジアンの勢力は減退し，マネタリストの発言力が増大していた。彼らの基本姿勢は，経済政策は政府の介入を最小限にとどめ，通貨の安定的な供給と金融政策にかぎることがのぞましいというのである。

しかし，規制改善は既得権益に対する攻撃を意味した。ある人は，フォードはナイーブで既得権益の強大さについて無知であるにすぎないと述べた。大統領のスタッフのなかでも政治により詳しい人たちは，この問題に対する

フォードの姿勢に批判的であった。副大統領のネルソン・ロックフェラーもそのなかに含まれていた。しかし，フォードはすでに覚悟を決めており，どこでも規制改善を論じた。

ホワイトハウスのディスカッションで検討対象となった規制は広範囲におよんだ。鉄道，天然ガス，金融機関，海運，保険，農業協同組合，郵便およびその他の産業がとりあげられた。しかし，それらは法案を議会に提出するほどには具体化しなかった。そのなかで，航空とトラック業，有線テレビ，ロビンソン・パットナム法（価格差別撤廃法）改正に対する努力は，集中的に行われた。また民間航空委員会（CAB）や州際商業委員会（ICC）などの独立行政機関の改組についても検討された。このような動きはあったが，規制改善はなかなか進展せず，フォード自身は規制撤廃の実績をあげることなく任期を終えた。

3．象徴となった航空規制の撤廃

1977年6月，連邦運輸省はレイカー航空のロンドン＝ニューヨーク線の開設を承認した。その第1便は同年9月のフライトであった。レイカー航空にはこれまでの空の旅のように食事や機内サービスもなく，キャビン・アテンダントもいなかった。そのかわり，大西洋をわずか99ドルで飛んだ。当時の大統領はカーターであり，皮肉をこめて航空の規制撤廃はカーターが行った唯一の善政であるという人もいた。

航空の規制撤廃はその後につづく一連の規制撤廃のうねりを象徴する事件であった。規制撤廃は他の輸送機関，通信，銀行と証券など，経済の多くの部門にひろがり，80年代以降のアメリカ経済の活性化に役立った。

航空規制の撤廃のレールは1970年代後半にフォードによって敷かれた。規制撤廃に対して航空会社の経営者は猛反対した。参入規制と運賃の許認可制度によって保護されてきた業界を競争の荒波にさらそうというのであるから，業界がこぞって反対したのは当然であった。また労働組合も反対であった。規制撤廃後に生じた首切りや賃金引き下げをみると，労組が規制撤廃に

反対したのも無理からぬところであった。

　消費者のなかで規制反対の声をあげていた人はほとんどいなかった。問題の存在にも気づいていた人も少なかった。ただ，経済学者だけは1950年代から，交通などの公益事業においても競争を重視することが望ましいと論じていた。もっともそれは孤独で弱々しい声にすぎず，声をあげている彼ら自身が交通事業において競争が実現するとは信じていなかった。経済学者たちの多くは，規制機関は結局のところ，産業を保護する立場にあると認識していたからである。たとえば，ジョージ・スティグラーは「規制は産業によって獲得されたものであり，主として産業の利益のために企画され運営される」と述べている。政治理論も同様で，規制機関は企業や労働組合など，競争から保護されかつ強固な組織をもった利益集団に奉仕する自己保存本能をもった団体であると論じていた。

　上院でテッド・ケネディ議員が中心となって開かれた1975年のCABに関する公聴会は，かなりの成功を収めた。CABの反競争政策の典型といってよい証拠が提示されたとき，CABは批判にまともに答えることができなかった。たとえば，CABの規制を受けない州内航空会社の運賃が規制を受けているほぼ同距離の州間運賃よりも安いという点が指摘されたとき，CABは運賃差が規制のためではなく，飛行密度や使用機材などによるものであると主張したが，それを信じたものはだれもいなかった。

　消費者は運賃やオーバーブッキングをはじめ，荷物として運ばれるペットの虐待など，多くの不満をもっていた。それにもかかわらず，CABは不満に応えるために時間の3％しか使っておらず，時間の60％は，チャーター航空会社がCAB認可運賃よりも低い運賃で飛びはしないかを監視するために費やされていたことが明らかにされた。公聴会は学者やポピュリストたちの規制に対する批判を全国的に宣伝し，人々の注目を集める役割を十分に果たした。新聞は公聴会を全面的にとりあげ，詳細を報告するとともに，それに対する社説や論説を載せた。

　しかし，公聴会が成功したからといって航空規制がすぐに撤廃されたわけではない。それが実現したいまひとつの理由は，60年代後半から引き継が

れてきた時代のムードであったであろう。67年から73年までの間にアメリカでは消費者保護，環境保全，職場における健康と安全およびその他の社会立法が制定されている。これらの法律はいわばよく組織された少数派の犠牲において，組織されない一般大衆の利益を守ろうとしたものといえよう。それは60年代に著しい盛り上がりをみせた黒人運動をはじめとする少数民族の運動，女性運動などと切り離して考えることはできない。

この時期，民主化運動によって一般大衆が自己の利益のあるところをより強く認識することになったといえるかもしれない。それが時代のムードとともに票につながり，政治家もそのムードを先取りすることが有利であると判断したとみることができる。そこにはラルフ・ネーダーを中心とした運動家，新聞記者，組織労働者，世論の先取りを目指した議会の運動擁護派とそのスタッフなどの結合があった。

交通政策の転換も，それら一連の社会立法の制定にみられる大衆の自己利益の認識を政治家が先取りしたと考えられるのではないであろうか。そしていったん規制が撤廃され，参入，運賃，サービスなどが自由化されると撤廃によって利益を得た人たちが増え，撤廃がさらに前進することになった。

カーターは消費者運動の理解者であった。しかし，規制撤廃のすべてが善と信じていたわけではなかった。消費者保護，環境保全については規制が強化されてしかるべきと考えていた。彼は選挙戦でも規制撤廃について語ることはなかった。しかし，1977年3月議会に対する簡潔な教書で民間航空の規制撤廃を提案した。機は熟していた。

カーターはまた小さな政府や規制撤廃を主張したが，一貫した考えをもっていなかった。その証拠に2度にわたる石油危機に対応して石油の価格統制などの政府介入を実施した。加えて消費者，環境その他の社会立法にも熱心であった。ただし，彼はそれらが小さな政府と矛盾するとは考えていなかったようである。

規制には規制するコストも規制されるコストもかかる。レーガンは就任当時に石油，天然ガスの価格統制廃止の大統領令を発した。すでに始まっていた規制撤廃のうねりはレーガンのもとで加速した。交通をはじめ，長距離電

話，金融と続いた．1978年から95年の間に通信，航空，鉄道，陸運，天然ガスでは価格が25ないし60％低下した．規制によって消費者が得をすることは少なく，規制撤廃によって得をすることが多いことは実証されている．

　レーガンの就任早々に航空管制官のストライキがあり，レーガンはストをうった管制官全員を解雇し，軍の管制官を配置するという強硬手段をとった．それをひとつの契機にしてアメリカにおけるストライキの数，加えて労働組織率も低下の一途をたどった．ストライキの数は1980年の187件（参加人員79万5,000人）から90年の44件（18万5,000人）に減少し，その後は増えていない．労働者の組合加入率も1985年の18％から90年の16.1％，95年の14.9％，2000年の13.5％，2005年の12.5％と減少し続けている．経済学では賃金は労働生産性の向上に比例して上昇することがわかっており，組合に期待される役割も変化してきたのであった．

4．サプライサイド経済学とレーガノミクス

4.1 イデオローグ・レーガン

　歴代のアメリカ大統領のなかで，自分自身のはっきりとした哲学をもち，それに固執しようとした人は少ない．ニューディールのような大きな政策転換をなしとげたフランクリン・ルーズベルトですら，思想家ではなかった．彼は現実的な妥協によって多数派を維持しようとした老練な政治家であった．民主党のトルーマンもケネディもジョンソンもカーターも個性の違いがあり，実施した政策には民主党の伝統的な色あいがあったが，ひとつの哲学に結びついてはいなかった．

　共和党の大統領も同じであった．アイゼンハワーやニクソンは自由競争を強調し，連邦政府の肥大化を批判したが，政策立案にあたっては柔軟に対応した．ニクソンにいたっては，当初はマネタリストとして出発しながら，通貨発行の抑制がデフレをもたらし，失業率が上昇すると「いまや自分はケインジアンである」と述べて拡張的な財政政策を実施した．フォードもカーターも原理原則をもたず，経済政策は対症療法的であった．また，ルーズベ

ルトを含め，経済学に詳しい大統領がいなかったことは確かである。

　これらの大統領に比べるとレーガンはイデオローグであった。レーガンは「強いアメリカ」を希求し，政治的哲学的には保守的で，経済的には自由競争の回復をめざした。彼の政策は頑固で原則に固執し，その結果，金利が上昇しようが失業率が高くなろうがほとんど動じることなく，「強いアメリカ」再生のためには大手術が必要だという姿勢でほぼ一貫した。それは，新しいタイプの大統領による新しい実験であったといってよい。

　レーガンは81年から89年まで2期，大統領を務めた。彼は在任期間中，1970年代のアメリカに渦巻いていた人々の不安，自信の喪失，危機意識を的確にとらえ，それに対する政策を打ち出した。とくに都市における犯罪，税および規制撤廃の問題に熱心に取り組んだ。その点では，レーガンの後を次いだブッシュ政権も同様であったが，ブッシュはレーガンのようなイデオローグではなかった。とりわけ，国際問題については柔軟に対応した。

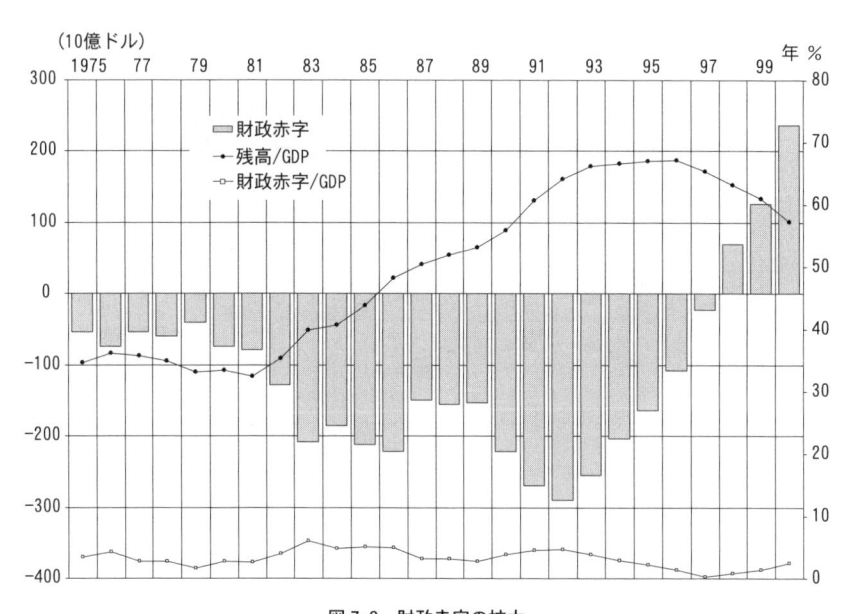

図 7-2　財政赤字の拡大

出所）図 7-1 と同じ。

134　第7章　規制「撤廃」とアメリカ経済

　80年代にもっとも注目された経済問題は「双子の赤字」であろう。つまり，連邦財政の赤字と貿易赤字である。連邦財政の赤字は経済停滞による税収の伸び悩みと支出の硬直性のためにすでに76年に500億ドルを超えており，小さな政府はだれが主張してもおかしくない状況になっていた。カーターが小さい政府を指向してはいたことはすでに述べたとおりである。レーガンはこの問題を取り上げたが，図7-2に示すように財政赤字はクリントン政権第2期の1997年まで続いた。

　一方，財・サービス収支の赤字（貿易赤字）は図7-3にあるように一向に減らず，80年代，90年代をつうじて解消されることはなかった。もともとアメリカは個人貯蓄率の低い消費型の社会で，景気が良くなるといっそう消費が増え，外国で生産された財に対する需要が増えるという構造をもっている。今日までの4半期ベースのデータを用いてアメリカの輸入関数を推計すると，アメリカのGDPが1％増加すると輸入額は2％弱増加することがわ

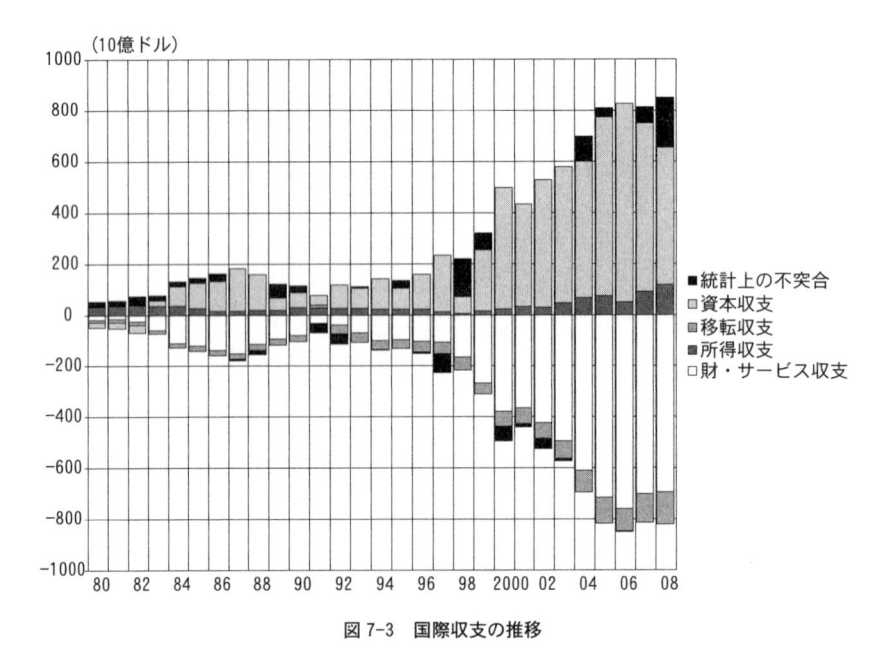

図7-3　国際収支の推移

出所）図7-1と同じ。

かる。すなわち，アメリカ経済は好景気になるほど輸入額は伸びるという構造になっている。

通常は財・サービス（貿易）収支の赤字が増加すれば，ドルは海外に流出し，他の通貨と比べて安くなるはずである。すると，輸出が有利に，輸入が不利になって貿易不均衡は解消する方向に向かうが，現実はそうではなかった。図7-3からわかるように，1980年代以降のアメリカではつねに資本の流入（資本収支の黒字）で貿易収支の赤字が相殺される傾向があった。これは，財・サービス収支から流出したドルは，資本収支というポケットをつうじてアメリカに還流すると形容してもよいだろう。60年代以前の財・サービス収支の黒字，資本収支の赤字というアメリカ経済の構造は完全に反対になった。なお，80年代以降続いている財・サービス収支の赤字＝資本流入の継続性については意見がわかれている。

4.2 サプライサイド経済学

1974年12月，ホワイトハウス近くのレストランで4人の男が食事をしていた。彼らはフォード大統領のインフレ対策について議論していたグループであった。そのなかでシカゴ大学准教授のアーサー・ラッファーが紙ナプキンにペンで図を描いた（図7-4）。それは税率と税収のあいだの関係を示したもので，後にラッファー・カーブと呼ばれることになり，減税論者たちの理論的根拠となった。

図7-4の意味するところは，税率を変えたとき税収はどうなるかである。

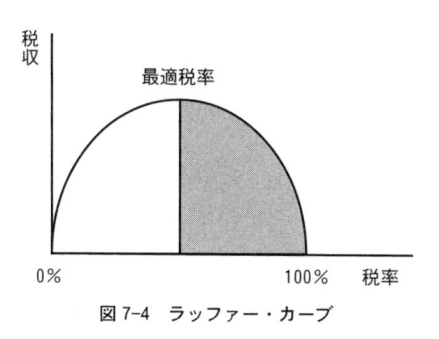

図7-4 ラッファー・カーブ

一定水準を超えた段階（斜線の部分）で税率を高めれば人々は働く意欲を失い，企業に対する投資も減り税収はかえって減少する。その段階において税率を下げればかえって税収が増えるし，最適税率以下では税率の上昇によって税収は増加する。財政当局は図の左の部分を前提にして行動するが，現実の経済は右の部分にあるというのである。

ラッファーの考え方に無理があることは，以下のことからも明らかである。減税によって税収を増やすためには，税収が平均的な税率×課税ベースであるため，税率の低下幅を税込所得の増加幅が上回る必要がある。しかし，ここで人びとには2つの選択肢がある。税率が下がっても税込所得が同じでよいと考える人は労働量を減らすし，税率が下がればもっと働こうと考える人もいる。このふたつの効果はほぼ同じ大きさであるとされる。したがって，税率の低下幅と税収の減少幅はほぼ等しくなる。言い換えれば，税率によって労働市場にそれほど大きな影響はあらわれないと考えるのがふつうである。

そもそも，サプライサイド経済学の支持者が増えたのは，主流であった需要サイドを重視するケインズ経済学がインフレを解決できなかったことが大きい。失業率が20％を上回った大不況下において財政政策を行使したとしても，インフレが問題になることはなかったのである。そこで，サプライサイダーが見るインフレの経済に対する影響について述べておこう。

まず，家計との関係である。家計の名目所得がインフレによって上昇すると，所得税率は名目所得を基準にしているため，高い税率が適用される。そのため，サプライサイダーは税率がラッファー・カーブの右側に位置すると考え，労働意欲の減退という論理に結びつける。同時に，インフレによって貯蓄の税引き後の収益率が低下する。これは消費に対するインセンティブとなり，貯蓄は減少する。

さらに，貯蓄の内容も変化する。インフレ水準が上昇すると，インフレ率の変動が大きくなることが知られており，家計は不確実性を避けようとして，長期的視点にもとづく金融貯蓄よりも実物資産への投資や短期金融商品に資金をシフトさせる。

企業にも影響は波及する。インフレによって企業の課税対象所得が過大評価されることになり，企業の利潤は減少する。企業の税負担が増し，そこにインフレ予想が加わることによって将来の企業業績の見通しが悪化し，投資意欲が減退する。また，過重な税負担によって投資収益率が低下するため，リターンの低下を考慮する家計からの長期資金の流入は減少する。

このようにして，インフレによって税制の歪みは拡大し，貯蓄を減少させたため，市場への長期資金の供給が縮小した。サプライサイダーは企業が長期投資を避け，資本形成が停滞したことこそ，アメリカの生産性を低下させたと主張するのである。

4.3 レーガノミクス

レーガン政権は，少なくとも政策立案過程においてはサプライサイド経済学の特色である長期的視点をもつ政策を実行しようとしたことはまちがいない。けれども，レーガノミクスは70年代から続くマネタリズムや新古典派経済学の影響も受けている。そして，レーガノミクスが減税や支出の増加により，結果的にケインズ政策と同様の効果をもったという評価もなされている。

大統領の経済情勢への対応は柔軟であり，そこにみずからの選挙や中間選挙という政治イベントのような要因が作用していた。82年には中間選挙があったが，そのときの経済状況は図7-1からもわかるように悲惨なものであった。そこで，レーガンは財政赤字を減らし，財政均衡に近づけるために，実質的な増税という対策に踏み切らざるをえなかった。これは，明らかにサプライサイド経済学とは反対の対策である。それでもなお，レーガンは規制緩和を一貫して支持したし，大規模増税には反対の立場をとっており，基本的な方針を曲げなかった。

さて，レーガン政権が発足当初に対応しなければならなかった主要課題は以下のように要約される。

(1) カーター政権から続く防衛力の強化による共産圏への圧力強化と冷戦の勝利。

(2) インフレの抑制と強いドルの復活。
(3) グローバリゼーションへの積極的な対応と貿易自由化の促進。
(4) 交通，金融，エネルギーをはじめとする産業の規制撤廃。
(5) 政府部門の公共サービスの縮小を通じた小さい政府の実現。

政権チームはこれらの課題に優先順位を付し，1981年2月，第1期レーガン政権の経済政策の骨格となった「経済再生計画」が発表された。そこでは，国防予算の増大とそれ以外の連邦支出の抑制，個人，企業向けの大幅減税，抑制的，安定的な金融政策の採用および規制緩和の継続が重点政策となった。以下では主要な政策を説明することにしよう。

1） 連邦支出の抑制と国防費の増額

連邦支出の抑制は事前の予想に比べて不十分なものとなった。財政支出はレーガン政権のもとで縮小するどころか，80年代に財政赤字は増大しつづけた。その主な理由は国防支出の増加で，81年には1,580億ドルであったものが，89年には3,040億ドルに増加した。同時に，82年の財政赤字は1,200億ドルであったが，87年末までの5年間の債務残高は1兆ドルに達した。

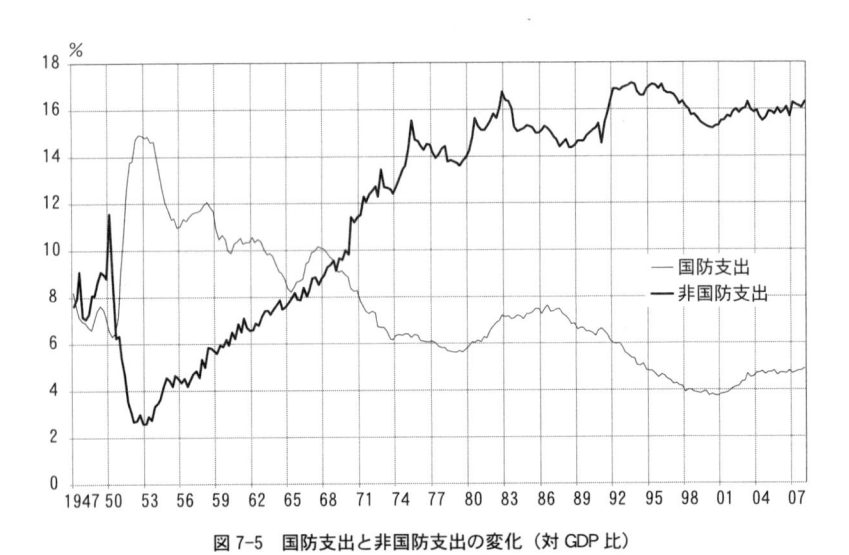

図7-5　国防支出と非国防支出の変化（対GDP比）
出所）　Bureau of Economic AnalysisのHPよりDLして作成。

国防費の増加には賛否両論があろうが，保守派はレーガンの断固たる妥協しない姿勢がソ連の崩壊につながったと論じる。しかし，国防費の増額がなければ，アメリカの財政も経済も70年代の混迷をより早くより良く解消していたであろうと説くこともできる。予算が均衡を達成するのは98年以降で，92年からつづく経済の長期繁栄によって税収が増えたためであった。図7-5は政府支出を国防とそれ以外に区分し，対GDP比で示したものである。1980～83年の国防費の伸びは大きいが，また，非国防支出も増加していることがわかる。このことが国防費以外の支出を抑制できなかったことを示す。

2) **減税**

レーガン減税は1981年8月に法制化されたが，その後も税率は引き下げられ，きわめて大幅な減税となった。最高税率は70%から50%に，さらに86年には28%にまで下げられ，区分もフラットになった。個人所得税の減税は貯蓄を増加させ，その資金流入によって市場の利子率は低下する。その結果，企業の投資が促進される。こうして，規制緩和と相まって労働生産性は上昇するというのがサプライサイド経済学の描くアメリカの成長シナリオであった。

また，キャピタル・ゲイン税は49%から28%に，さらに20%に引き下げられた。そして，インフレにもとづく名目所得の増加にともなう増税を防ぐため，税率（所得階層）区分に物価スライド制が完全導入された（インデクセーション）。さらに，86年には税制が改革され，所得税の税率区分は低中間層と高所得者層の2つとなり，税率は前者が15%，後者が28%となった。

また，法人所得税の減価償却制度は簡素化され，加速度償却制度が導入された。加速度償却は減価償却期間を短縮することによって企業の営業費用を増加させ，収益を小さくする効果をもつため，法人税は減少する。政府にとっては税収が減少するが，設備投資が促進されるという効果をもつ。

3) **金融政策**

他の経済政策に比べて一貫性を欠いたのが連邦準備制度（FRS）による金融政策であった。主因はあまりにも急激なインフレであった。FRSは政

府から独立して金融政策を遂行するが，政治との関係は浅からぬものがある。まず，最高意思決定機関である連邦準備制度理事会（Federal Reserve Board, FRB）の理事は，上院の助言と同意にもとづいて大統領が任命する。そして，FRB議長は半年に1度，上下院で証言するほか，さまざまな政治的な圧力を受けるとされている。

FRSの最終目標は実質経済成長，失業の抑制および物価の安定にある。これらの最終目標を望ましい水準に維持するため，FRSは公開市場操作，金利政策および預金準備率の変更という政策手段を有する。これに加えて潜在的な政策手段といわれる操作目標があり，現在ではそれは連邦準備レート（FFレート：金融機関が資金を融通するときの短期金利）となっている。

1970年代にはいると，FRSは政策手段を最終経済目標と結びつける中間目標として現金通貨と預金をあわせたマネーサプライを重視するようになり，操作目標に民間の一般預金に対する銀行準備を採用した。ところが，銀行準備とマネーサプライの関係が不安定になることがわかったため，1974年1月以降，銀行準備とともにFFレートを操作目標とした。

70年代後半になると，FFレートを引き上げてもマネーサプライが増加するなど，2つの変数の関係が不安定になった。なぜなら，FFレートは名目金利であるため，物価が急激に上昇すれば，操作目標としてのFFレートは物価抑制に必要な水準よりも低くなってしまうからである。そこでFRSは79年10月以降，操作目標を銀行の非借入れ準備（総準備から連邦準備銀行借入れを差し引いたもの，unborrowed reserve，UBR）とした。その理由は，連邦準備銀行借入額は各金融機関が決定するため，FRSがコントロールできないからである。

利子率操作から非借入れ準備を操作目標にしたのは，マネーサプライ管理を徹底するためであった。しかし，そのことは，FFレートを市場によって決定させることになった。結果的にFFレートの目標値と実績値の差は拡大し，実績値も乱高下するようになった。これこそがFFレートが急上昇した大きな理由である[2]。

2　1990年代になって操作目標は再びFFレートに戻された。

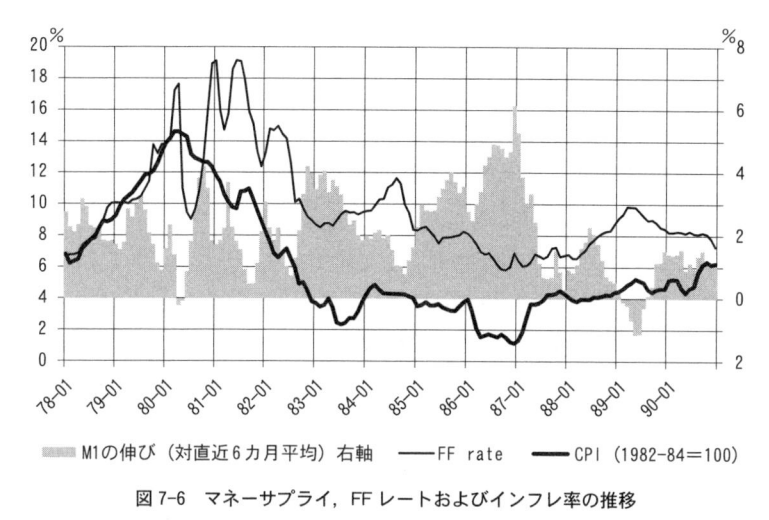

図7-6 マネーサプライ，FFレートおよびインフレ率の推移

出所）Federal Reserve Bank of St. Louis のHPよりデータをDLして筆者作成。

　けれども，ここでもインフレを考慮しなければならない。図7-6はFFレートとマネーサプライの変化率（直近の6カ月平均からの伸び）およびCPIの変化率を示したものである。ここで，CPIを同時に示したのは，FFレート（名目値）だけではなく，実質利子率を類推するためである。インフレ率が高いとき，実質利子率をプラスに維持しようとすれば，名目利子率は高くならざるを得ない。図からもわかるようにアメリカの名目金利（FFレート）は80年に10%を上回る水準になるが，インフレ率を差し引いた実質金利はマイナスになっている。81年以降になってインフレが沈静化しはじめると，実質金利も高金利になっていることがわかる。

　次節で述べるように，レーガン政権のはじまりは厳しいものであった。インフレ抑制に対する金融政策の貢献を否定する人は少ないだろうが，このような転換をともなう金融政策の副作用ともいえる景気に及ぼした負の影響は見逃すことはできない。

5. レーガノミクスの現実

5.1 レーガン不況（81-82年）と回復

FRSはインフレ抑制のために81年，82年とマネーサプライを厳しく管理した。そして，レーガン就任以前から引き締め策をとっていたためインフレは沈静化しつつあり，実質金利は上昇した。しかも，それが日本や西ドイツ（当時）などの引き締め政策と重なったことが，レーガン時代初期の不況の主因であると考えられている。82年の実質経済成長率は－1.9％となり，失業率も9.7％に達した（図7-1と図7-7参照）。

レーガンの経済政策に対する批判は激しくなったが，FRSはひるまず引き締めをつづけた。その結果，83年に物価は落ち着きを取り戻した。実質成長率も83年4.2％，84年7.3％，85年3.9％となった。しかし，失業率は依然として高く，84年～86年まで7％台で，5％台に落ちるのは88年になってからであった。

図7-7をみると，とくに落ち込みが激しかった82年の不況の原因は，お

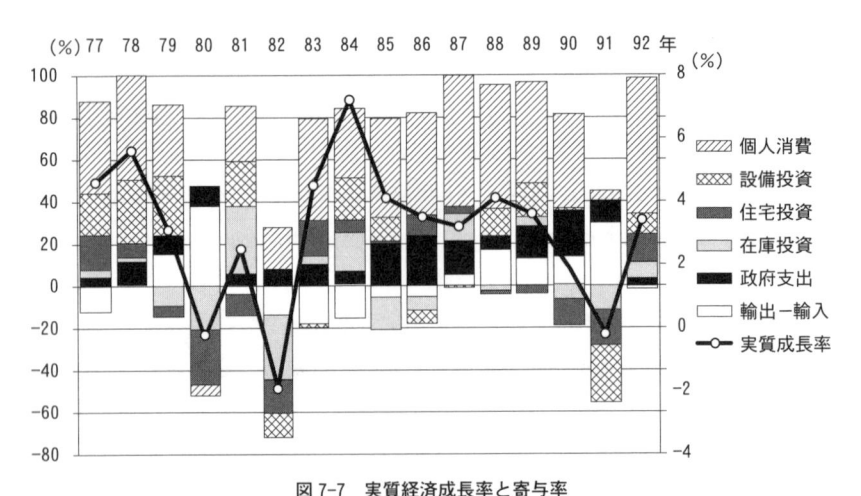

図7-7 実質経済成長率と寄与率

出所）図7-5と同じ。

もに住宅投資と設備投資の減少，在庫調整および純輸出（輸出－輸入）によるものであることがわかる。図7-1からわかるように82年には失業率も上昇した。ここにマネーサプライのコントロールを重視した結果として生じた高い実質金利が影響していることは明らかであった。マネタリストはフィリップス曲線のトレードオフを否定したが，短期的ではあるが，皮肉にもインフレ抑制の代償として失業率の上昇がもたらされたのである。

しかし，図7-6からわかるように，82年第Ⅱ四半期以降，マネーサプライが急拡大し，FFレートも低下している。これはFRSの政策転換である。こうして，83年から住宅投資や在庫投資はプラスに転じ，遅れていた設備投資も84年にはプラスになった。ところが，純輸出だけは86年までマイナスになっており，ここにドル高の影響をうかがうことができる。

レーガンは財政赤字の問題には楽観的だったとされ，財務省証券（国債）の大量発行が高金利につながっているとは考えていなかった。高金利はアメリカの設備投資が増加したからであり，資本の流入はアメリカ企業の高収益によるものだと主張された。つまり，ドル高は資本流入によって引き起こされたのであり，強いアメリカに対する信認にすぎないというわけである。このようなロジックからは為替介入という解は生まれない。

5.2　双子の赤字とプラザ合意

連邦財政の赤字は政府支出にほかならず，総需要の増加を意味し，ふたつのルートをたどって経常収支の赤字をもたらす。ひとつのルートは，総需要の増加によって企業の生産額（＝GDP）が増加するため，所得効果を通じて輸入額が増加するというものである。いまひとつのルートは，以下のようなものである。総需要の増加とともに貨幣需要が増加するため，マネーサプライが一定のもとではアメリカの利子率は上昇する。内外金利差の拡大を見た人びとはアメリカの金融資産を購入した方が得になると判断し，アメリカに預金するだろう。こうして，ドル資産に対する需要が増大するから，ドルを買う動きが顕在化しよう。結局のところドル高に動き，これが輸出を不振にし，輸入を押し上げるから財・サービス収支も悪化する。

1983年以降に経済は急回復するが、この原動力は個人消費の拡大であった。理論的な背景となったサプライサイド経済学の主張とは反対に、結果として減税政策はケインズ的な需要刺激策になっていた。減税は家計貯蓄率の低下と消費の拡大をもたらしたのである。ここに国防支出の増加が加わった。

また、図7-7からもわかるように純輸出（輸出－輸入）はマイナスとなっている。この背景にドル高があることは明らかで、国内産業、特に製造業と農業の競争力は大きく低下し、いわゆる産業の空洞化が問題視されるようになった。当初、レーガン政権は為替に対しては不介入の姿勢をとっていた。

1980年代は日米貿易摩擦が激化した時代であった。アメリカの経済の苦境を尻目に、日本経済は第二次石油危機の影響をほとんど受けず、順調に経済成長を続けていた。しかも、日本の外需の対GDP比は80年代前半に上昇し、85年には4％を上回った。

図7-8にはアメリカの財収支（ここでは貿易収支と同義とする）のみをとりだし、それに対する対日貿易赤字と対中貿易赤字のシェアが折れ線（シェアは右軸）で描かれている。1980年代からアメリカの貿易赤字は増加し、特に対日貿易赤字のシェアが83年からは30％を上回った。しかも、急増する日本の輸出の主役は、アメリカの基幹産業でもあった自動車産業であった。そのため、自動車産業を抱える州から選出された連邦議員は保護貿易的な主張を声高に叫び、日本たたき（ジャパン・バッシング）が本格化することになった。

こうしたマイナス要因があったにせよ、レーガンは好景気を背景に84年選挙で再選され、第二期レーガン政権が発足した。そして、それまで大統領補佐官であったジェームズ・ベーカーが財務長官に就任した。産業界からの圧力は大きく、彼は国内産業の苦境は看過できないほどのものになっていると判断し、政策の転換を試みた。その一つが通貨に対する姿勢であり、日本との隠密交渉を進めたといわれている。そして、1985年9月、ニューヨークのプラザ・ホテルで先進五カ国蔵相・中央銀行総裁会議（G5）が開かれた。それまで非公開で実施されていたG5であるが、このときは合意した政

5．レーガノミクスの現実　145

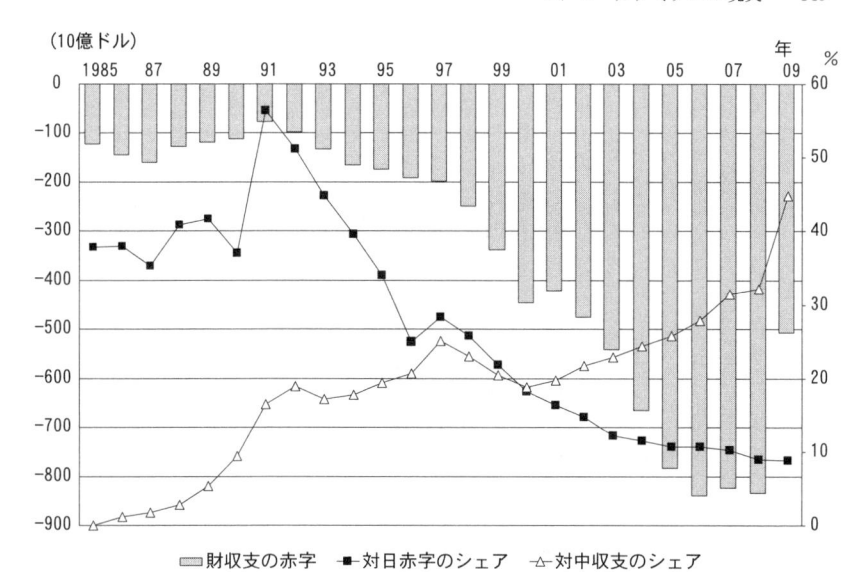

図7-8　アメリカの財収支の赤字と日米・米中の赤字

出所）US Census of Bureau の Foreign Trade Statistics より DL して筆者作成。

策の効果を高めるために会議の内容が公開された。合意内容は「各国の通貨当局の為替市場への協調介入と政策協調によるドル高の是正」であった。このときの声明はプラザ合意と呼ばれ，為替レートの調整だけではなく，為替調整を通じた貿易収支のインバランス（不均衡）の改善をも目的としていた。

この後，アメリカを軸とする各国の協調介入によって，急激なドル安＝円高が進行することになった。図7-9は為替レートと経常収支が示されている。プラザ合意前後の為替レートには以下のような変動がみられた。まず，レーガン当選直後の1980年12月の為替レートは1ドル209円であり，71年1月の為替レート358円からおよそ10年で42％の円高ドル安になっていた。その後，為替レートはドル高に動き，1985年2月には1ドル260円までドルが戻した。そして，プラザ合意直前の9月に為替レートは236.5円をつけていたが，翌月には214.7円まで急速にドル安がすすんだ。この傾向は止まらず，1986年10月に為替レートは1ドル156円になった。結局，84年

146　第7章　規制「撤廃」とアメリカ経済

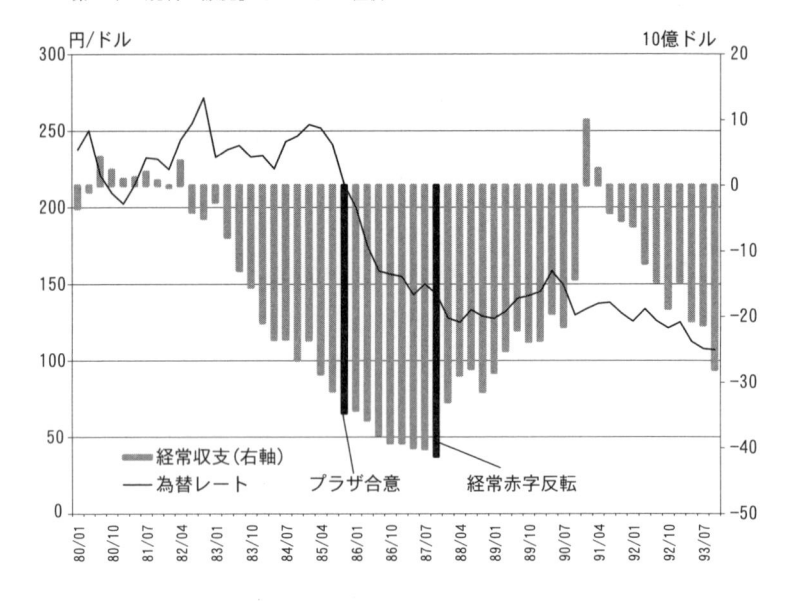

図7-9　為替レートと経常収支の推移

出所）図7-6と同じ。

から87年までの3年間で円の上昇率は毎年20%を上回った。

　円高ドル安によって日本製品の現地価格が上昇し，日本の経常黒字とアメリカの経常赤字の減少が期待された。しかし，短期的にはそのような方向には向かわず，87年まではアメリカの経常赤字もそれに占める日本のシェアも上昇した。このように為替の変動と収支の減少にはタイムラグがともなうことは経験的に知られており，これを（逆）Jカーブと呼ぶ。

　アメリカの経常収支と赤字に占める日本のシェアはともに88年以降に低下するが，90年代に再び上昇し，あらたな貿易摩擦を引き起こすことになる。この原因はアメリカの国内景気にあることはすでに説明した。しかし，日本は経常収支の黒字，アメリカは経常収支の赤字という状態が長期間にわたって続く傾向にある。つまり，日米の間で何らかの構造的な要因があると考えてよい。

　投資－貯蓄アプローチ（I-Sバランス・アプローチ）をもちいて日米の貿

易不均衡の意味を考える。まず I-S バランス式は以下のようになる。

　　　財・サービス収支≡GDP－内需（民間消費＋民間投資
　　　　　　　　　＋政府支出）　　　(1)

三面等価の原則によって GDP は GDI に等しい。GDI から税金を控除した額は可処分所得であるから，家計部門はこれを消費支出と貯蓄に振り分ける。つまり，

　　　GDI≡民間消費＋民間貯蓄＋税金　　　(2)

である。この式を式(1)にあてはめると以下の式が成立する。

　　　財・サービス収支≡（民間貯蓄－民間投資）＋（税金－政府支出）

この式を I-S バランス式と呼び，右辺第 1 項は民間部門の純貯蓄，第 2 項は政府部門の財政収支となる。財政収支が赤字（税収入＜政府支出）であっても，民間部門の純貯蓄が財政赤字を上回っていれば財・サービス収支は黒字になり，民間部門の純貯蓄が財政赤字を下回っていれば財・サービス収支は赤字になる。民間貯蓄は資金供給を，民間投資は資金需要を意味する。したがって，日本の場合，民間純貯蓄がプラスで財・サービス収支が黒字のため，国内で余剰資金が生じる。そして，余剰資金は海外の工場建設や外国企業の債券・株式の購入に使われ，これは資本収支の赤字として記録される。

　アメリカのように，民間純貯蓄の規模は小さく財・サービス収支が赤字のときには国内で資金不足になり，外国からお金を借りることになる（資本収支の黒字）。アメリカ連邦議会は後述するように，レーガン時代から財政赤字を抑制するための法律を制定している。それに加えて，1990 年代後半の好況によって税収が増加し，1998 年から 3 年間，アメリカの財政は黒字に転換した。それにもかかわらず，財・サービス収支の赤字は続いた。

　I-S バランス・アプローチによれば，財・サービス収支の黒字は貯蓄と投資の差と等しいので，貯蓄の減少は財・サービス収支の黒字を減少させることになる。現在もアメリカの財・サービス収支の赤字が外国からの資本流入によって維持されていることから，持続性に関する研究がすすんでいる。資本は財・サービス収支の黒字をもつ日本や中国から流入しているので，日本の貯蓄率の低下は日本の財・サービス収支の黒字を減少させるだけでなく，

アメリカへの資本流入の余地を小さくする可能性がある。
　レーガンのスタンスを好まない人は多かったが，経済を全体としてみるとレーガン政権のパフォーマンスは評価してしかるべきであろう。マクロ指標を他の政権と比較してみるとこのことは明らかになる。

6．パパ・ブッシュ

　レーガンの後をついだジョージ・ハーバード・ウォーカー・ブッシュ大統領はレーガン路線を継承することからはじめた。しかし，2年後の90年には財政規律を取り戻すとし，増税を実施した。それにもかかわらず，財政赤字は減少することなく，かえって増加した。増税の結果ほとんど税収は増えず，一方で支出の方は増税をあてこんで増加したからである。実質経済成長率は90年には1.7%，91年には−0.2%に低下した。しかしながら，次章で論じるように，歴史的にみればブッシュ政権の財政赤字削減努力は大いに評価されなければならない。
　この間，アメリカの外では大きな変化が起こっていた。80年代にはいるとソ連の経済制度がもつさまざまな矛盾が顕在化し，成長が鈍り，先端技術の開発においても西側諸国よりはるかに遅れていることが明確になった。85年にソ連の指導者にゴルバチョフが就任すると，西側への対決姿勢をあらため，国内体制の再建に力を注ぐこととなった。彼は硬直した計画経済に融通性をもたせ，市場原理を部分的に導入することとした。それ以外に経済を立て直す道はないと考えたのであろう。
　ソ連の変化を見て，東欧の共産主義国家も共産党の一党独裁を廃止し，市場経済の導入に向かって動き出した。89年にはついにベルリンの壁が崩壊した。ソ連は東欧諸国の変化を容認した。そして同年，ゴルバチョフとブッシュは冷戦の終結を宣言した。
　冷戦後の世界はいまや唯一の強国となったアメリカが指導し，民主主義と市場経済にもとづいた秩序を建設すべきであるという構想をブッシュが描いたとしても無理はない。1990年イラクが石油資源のゆたかなクウェートに

侵攻，併合すると，ブッシュは国連の安全保理事会の決議を得て多国籍軍を編成し，クウェート解放に成功した。

　ブッシュは湾岸戦争の勝利は92年の大統領選挙で有利に働くと想定していたが，独立候補のロス・ペローが徹底した小さな政府を訴えてブッシュの票を奪い，結局クリントンが大統領に就任することとなった。

7．日米関係の変容

　そもそも日米の貿易をめぐる摩擦の歴史は，1951年に日本のミシン，陶磁器，冷凍マグロなどに対する輸入制限の動きからはじまっている。つづいて繊維製品が摩擦の対象となった。当初は綿製品の貿易制限の動きがひろまり，日本側は輸出自主規制で摩擦を回避しようとした。これが1957年の日米綿製品協定であった。

　繊維摩擦は1960年代には合繊製品にもひろがり，そこに沖縄返還がからみ，国内，国際がともにかかわる政治問題となった。核抜き本土並みの返還を目指す日本政府はさまざまなレベルでアメリカ政府と交渉するものの，アメリカの国内事情もあり，成案を得るにいたらなかった。また，ニクソンにとっては保守層の多い南部に繊維業者が多く，容易な妥協はできなかったとされる。この交渉は繊維についてはアメリカに譲歩して沖縄返還をめざすという「糸と縄の交渉」であった。結局，1971年に日米繊維政府間協定了解覚書が調印され，輸出自主規制（voluntary export restraint）と業界に対する政府保障が実施された。

　1950年代末になると，日本の鉄鋼は価格競争力をもつようになり，アメリカでは対日ダンピングの提訴が起こったが，対米輸出は止まらなかった。ここでも日本政府は自主規制を実施した。さらに，アメリカ政府は1978年に対象商品が一定価格を下回ると自動的にダンピングとして提訴するトリガー価格制度を導入した。それでもなお，日本の輸出は減少しなかった。

　輸出自主規制は，GATT（関税および貿易に関する一般協定）第11条1項「輸出入の数量制限の廃止」に違反している。GATTは透明性を重視す

るため,関税を産業保護の合法的手段として認めており,それを段階的に引き下げることを市場開放の手法としてきたからである。

「日米」貿易といっても,日本の財を製造するのは企業であり,購入するのはアメリカの消費者である。つまり,企業の生産した最終財を消費者が購入するという経済活動が国境を越えて行われるだけのことである。政府が民間ベースの取引に介入しても,その効果が短期的なものにすぎないことは想像に難くない。GATT の枠組みではグレーゾーンとされたこの方法も,現在の WTO（世界貿易機関）の枠組みでは認められていない。

その後,カラーテレビ,自動車,半導体と摩擦の品目は変わったが,つねに対米輸出の拡大が摩擦を引き起こすという構造は共通したものであった。ところが,1980 年代になると,アメリカ製品の対日輸出が伸びないことに焦点があたり,アメリカには他の国では売れるアメリカ製品がなぜ日本で売れないのかが議論されるようになった。そのため,1990 年代には同じ資本主義であっても日本は西欧資本主義国とは異質であり,日本に対する対応も代えなければならないとする日本異質論とか修正主義（revisionism）という考え方が台頭した。

このような考え方は 1990 年代における攻守ところを変えた日米経済のもとで徐々に姿を消していった。けれども,クリントン政権は日本よりも成長著しい中国に関心をもっており,ソ連が消滅したのちは,イデオロギー以外の政策がアメリカの政策の高い優先順位を占めることになった。そして,元法律家を擁した USTR（アメリカ通商代表部）は,一貫して日本に対する厳しい目をもち,後述するように結果の平等をもとめて交渉にあたった。

第 8 章

繁栄が続いた 90 年代

1. クリントン

　クリントンが大統領に就任したとき,彼は民主党のなかでもリベラル(進歩派)であるとみられていた。選挙の 1992 年,経済はまだ不況のなかにあった。クリントンは中産階級や低所得者層に訴える演説を繰り返した。そして湾岸戦争の勝利をはじめ外交での功績を誇るブッシュに対して「大切なことは経済である」と主張した。

　就任後最初の 1993 年度予算案には富裕者層への増税のほか,ガソリン税や社会保障税 (Social Security Tax) の引き上げおよびエネルギー税(環境税に近い)の新設などが含まれていた。しかし,エネルギー税だけではなく,景気刺激策として提案された失業保険の拡大や生活保護世帯への食料配給などリベラルな社会福祉プログラムの多くは議会で否決された。

　富裕者に対する所得税率はレーガンの 26%,ブッシュの 28% に対して 36% に,さらに課徴金を加えて実効税率はおよそ 40% に引き上げられた。連邦財政は 98 年に均衡するが,均衡の達成をこのような増税の成果ととらえ,ラッファー・カーブは否定されたと考える人もいたが,均衡が達成されたのは,景気回復による歳入増加と冷戦終了による国防費の大幅な減少の結果であった。

　連邦財政の均衡の達成には,ブッシュ政権下で成立した 1990 年包括予算調整法 (Omnibus Budget Reconciliation Act of 1990, OBRA90) も寄与している。まず,OBRA90 にはブッシュ大統領が 1992 年選挙で保守派から指弾された増税が含まれている。同法に含まれる予算執行法 (Budget

Enforcement Act of 1990，BEA90）には，次のふたつのルールが定められていた。ひとつは，予算のなかの裁量的（discretionary）経費に対する上限（キャップ）の設定である。裁量的経費とは，省別の歳出予算法にもとづいて支出規模や支出内容が決定されるものである。いまひとつは，義務的（mandatory）経費に対するpay-as-you-go（pay-go，ペイゴー）原則の導入である。社会保障，メディケアおよび国債の利子などがここに含まれ，授権法で決定されれば，毎年自動的に支出が認められる。このふたつの仕組みは2002年まで延長された。そして，ペイゴー原則は2002年に失効したが，オバマ政権下で再び立法化された。

クリントンは1994年の中間選挙で上下両院とも共和党が多数を占めたのを契機に，市場経済を重視する新しい路線をうちだし「ニュー・デモクラット」と称するようになった。彼は1995年の一般教書演説では「大きな政府の時代は終わった」と述べ，連邦支出の増大を極力抑制し，財政規律を守るよう努めた。ここには，当時のFRB議長アラン・グリーンスパンの助言があるとされる。政治家は財政に多少でも余裕があると，一般受けがよく選挙戦を有利に導くような政策に対して支出を増加させる傾向が強いが，クリントンはそれとは反対の方向を選択した。政府支出の伸びはクーリッジ時代に匹敵する低さで推移し，政府債務残高が減少すると，アメリカ国債の金利水準は低下し，公債費が低下するという好循環にはいっていった。なお，エコノミスト出身のグリーンスパンは常に経済データを分析し，難解な言葉を用いて市場を誘導した。彼の政策運営に対する高い評価も，90年代の長期的な好況抜きには考えられない。

さらに，クリントンは自由貿易の推進をはかり北米自由貿易協定（NAFTA）に署名した。そして，グローバル化が進むなかでアメリカは競争に立ち向かわなければならないと主張した。

彼はまた社会福祉改革にも力をふるった。1996年の福祉改革では，ニューディール以来のAFDC（Aid to Dependent Children，要扶養児童扶助）は終了し，州政府の権限を強化するTANF（Temporary Assistance for Needy Families，貧困家庭に対する暫定補助）が創設された。後述す

るように，この制度はレーガン以来の小さい政府を指向する政策の延長線上にあるといえ，生活保護受給者が働けば損になるような事態を改善しようとしたものである。その結果，受給者数は1996年8月の440万人から2005年末の190万人にまで減少した。生活保護受給者の減少にも，制度変革だけでなく順調だった経済が大きく寄与している。

　クリントン政権には多くのトピックがあり，短い文章でその8年間を評価することは簡単ではない。しかし，クリントンが民主党リベラルであったにせよ，中道派にあったにせよ，ルーズベルトやケネディのようなケインズ派でなかったことは確実である。彼がラッファー・カーブの信奉者でなかったことも確実であるが，規制緩和や連邦支出抑制などを通じて小さな政府を目ざしていたということは信じてよい。その意味で党こそ違え，クリントンの経済政策はレーガンに近かったと評する人が多い。

　規制緩和と市場経済重視はよく格差を助長するといわれる。そして自由主義経済のなかで政府の市場への介入が必要であるのは，格差がむやみに拡大することを防ぐためであるという説をとる経済学者も多い。はたして，80, 90年代に政府の役割は変化したのであろうか。

2．ニューエコノミー

　80年代にはいるとアメリカのリベラルは目標を失った。建国の理念に戻るということはリベラルの目標からほど遠かったが，それは一概に保守主義ともいえなかった。何よりも，80, 90年代の世界の変化はリベラルだけではなく，保守主義者にとってもあまりにも急速であった。ベルリンの壁が崩壊したことによってソ連と東欧諸国が市場経済の一部になった。中国もまた共産党一党支配を維持しながら世界経済の枠のなかに参入した。インドもインド型計画経済を脱して世界経済の一員となった。こうして，計画経済は自由主義経済に比して効率が悪く，成長にひずみをつくり庶民の生活水準向上に遅れをもたらすという認識が一般的となった。加えて，政治的には中国は天安門事件によって国際的な非難を浴びていたし，ソ連崩壊によって誕生し

154　第8章　繁栄が続いた90年代

たロシアの政治も混乱のなかにあった。

　90年代にはいってからのアメリカ経済の好調さを他の国と比較してみよう。図8-1は先進諸国の名目GDPの成長率を比較したものである。中国を含めたOECDデータの入手できる93年から2000年までの7年間をみると，アメリカの年成長率は6.65％とEUの4.94％を超えていた。中国の名目成長率は20％を上回り，0.65％にとどまった日本経済の相対的沈下は際立っていた。もっとも，90年代初頭の中国経済は毎年2ケタのインフレを経験しており，実質成長率は低く，21世紀の成長とは内容が異なっていた。

　さらに80年代以降，IT（インフォメーション・テクノロジー，情報処理・伝達技術）が高度化し，世界のどこにいても，だれにでも即座に連絡がとれるようになった。ITという言葉は現在ではICT（Information and Communication(s) Technology）と呼ばれるのが一般的になった。

　アメリカは80，90年代にIT技術の開発と普及に指導的な役割を果たした。レーガンやクリントンにとってはいかにしてアメリカ経済の地盤沈下を食い止め，世界経済のなかで経済的優位を維持し拡大するかが課題であっ

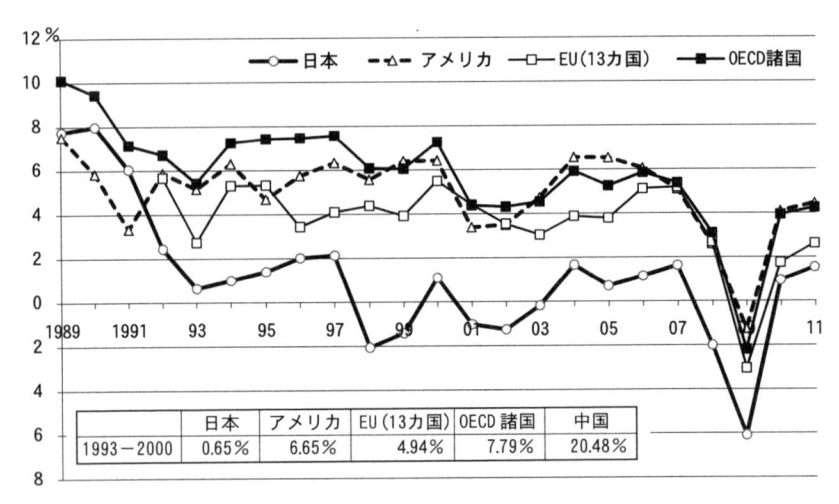

図8-1　1990年代以降の先進諸国の経済成長率

	日本	アメリカ	EU（13カ国）	OECD諸国	中国
1993－2000	0.65％	6.65％	4.94％	7.79％	20.48％

出所）　OECD, *Economic Outlook*. よりデータを抜粋し，筆者作成。

た．結果的に，90年代にはアメリカ経済の地盤沈下説は姿を消した．

　日米の成長率の逆転の理由は多様であろうが，日本がIT技術の進歩に対する対応に後れを取ったことが大きいと思われる．規制撤廃や透明性の拡大はITとともにあり，それらは情報移動のコストの低減を活用するためにぜひとも必要な対策であった．

　企業の多国籍化は80年代以前から徐々に進んでいたが，ITがそれを大幅に拡大したことは否定できない．企業は世界でもっとも安くて良質な原材料や中間財を発注し，それらを世界でもっとも適当な（生産流通コストがもっとも低い）場所に集めて製品化し，世界市場で販売する．工場立地にも市場にもそして資本にも国境の壁は消滅したといえないまでも，ずいぶんと低くなったのである．こうしてグローバリゼーションという言葉が90年ごろから世界中で使われる流行語になっていったが，産業構造の変化はもちろんグローバリゼーションが流行語となる以前から生じていた．産業構造は経済の変化に対応して変化する．その急速な変化は経済が活性化している証拠でもある．

　ITは情報移動のコストを大幅に引き下げた．そのことがもたらしたインパクトの大きさをみて，世界は「ニューエコノミー」の時代にはいったと論じる人たちが現れた．ニューエコノミーはジャーナリスティックな造語であり，あくまでオーラルセオリーにすぎないが，将来に対する楽観的な見方を含んでいた．IT革命の深化によって技術革新（イノベーション）の波が続き，その結果，経済は繁栄をつづけ，好不況の波は消滅するであろうというのである．研究者はニューエコノミーの存在をさまざまなデータを用いた実証分析で明らかにしようとした．

　1995年にマイクロソフト社がウィンドウズ95を発売し，PCに搭載された「マイクロソフト・オフィス」によって世界は変わった．机上のPCをワンクリックしてソフトを立ち上げ，書類を作成する．それまでは何名もの事務系職員が手分けしていた仕事をPC1台でできるようになった．職場から書類や文書の作成のみを専業とする職員は姿を消した．マイクロソフト社はウィンドウズ95というソフトウェアの開発に莫大な費用を必要としたもの

の，それを搭載したディスクの限界費用は逓減する。こうして，それまでの常識を覆す収穫逓増ビジネスがもてはやされ，ニューエコノミーの根拠のひとつであると喧伝された。

図8-2は1985年から2008年の各国の経済成長の要因を示したものである。全要素生産性とは資本と労働の貢献では説明できない部分のことを指し，長期的には技術進歩，労働者の熟練度の向上および経営組織の改組による効率性の上昇などを含めた広範なものを含むと解されている。当時，金融立国を標榜して世界からマネーが流入したアイルランドの成長率は5.84％に達し，その過半（3.33％）が全要素生産性の成長によるものであった。それに次ぐのがオーストラリアとアメリカである。アメリカの成長の内訳をみると，労働投入は0.94％で4位，ICT資本は0.54％で5位を占めており，この

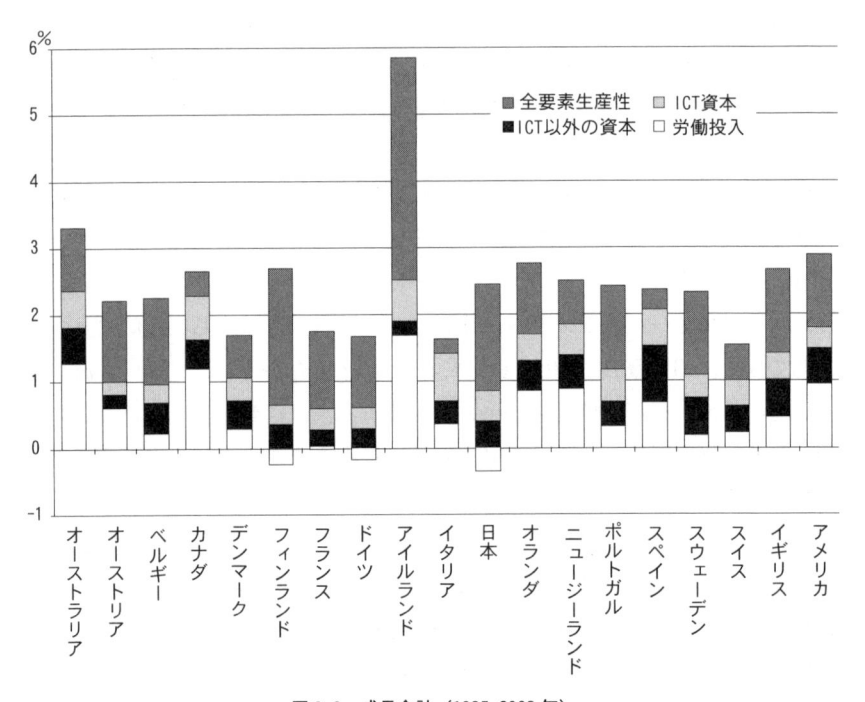

図8-2 成長会計（1985-2008年）

出所）OECD, *Fact Book 2010*, p.85 より筆者作成。

ふたつの貢献が大きかったことがわかる。

　世界がひとつの大きな市場になるということは，世界のどこかで経済の何かの部分（たとえば金融）に生じた事態がたちまち世界中にひろがりかねないリスクをももっている。ニューエコノミーの予測は21世紀にはいって必ずしも的中せず，IT革命のインパクトはつづいても，経済変動はITと別のところを震源地として起こりうることを示すこととなった。そして，マイクロソフト社のような収穫逓増モデルがすべての企業で普遍化されるものではないことも理解された。

3．産業構造の変化と労働生産性

3.1　産業構造の変化

　経済システムは土地，資本，労働および技術などの投入物（inputs）を結合して，産出物（outputs）をつくる。産出物は大別すると2種類に分けられる。ひとつは重さや体積をもつ有形の物財で，もうひとつは形のない財であり，経済学ではそれを「サービス」と呼んでいる。物財の生産のなかには農業，工業，漁業，建設業，製造業など含まれ，サービスには交通，公益事業，卸小売，金融，保険および政府部門などが含まれる。産業構造の変化をみるにあたってはGDPの構成か，産業別の雇用者数の変化をみるとわかりやすい。ここでは雇用者数の変化を中心に検討することにする。

　農業はアメリカの産業のなかで特別な地位を占めている。その理由はアメリカという国の成り立ちからきている。建国の父のひとりトーマス・ジェファソンはアメリカという新しい国家は，独立自営農民からなる国家でなければならないと考えていた。ジェファソンの「農本主義」の考えは次々に受け継がれ，伝統となった。

　建国後200年のあいだに農民の数は著しく減少したものの，その政治的な力は数以上のものがあった。ニューディール期の農業調整法もそれゆえに成立しえたといえる。今日になっても農業の健全な発展に注意を払わないアメリカの政治家はいない。世界的な市場経済になって各国の農業補助金は大き

な問題となり、アメリカはEUや日本の補助金を非難することが多いが、アメリカにもさまざまな名目で補助金が残っている（1990年は農業総所得1,801億ドルのうち76億ドル、2000年は2,030億ドルのうち196億ドル）。

アメリカの農業の労働生産性上昇率は製造業のそれを上回る。1970年を100とすると、80年には112、90年には158、95年には161であった。すでに述べたように、90年代以前でさえ、生産性上昇率は年平均で2.5%前後になった。農業生産も着実に伸び、同じく1970年を100とすると、80年には125、90年には149、95年には160になった。この間、農業人口は減少を続け、70年の全人口の4.7%が95年には1.9%になっている。

当然のことながら農家数も減少しており、2000年には218万戸、平均農地面積は436エーカーとなっている（1970年には290万戸、374エーカーであった）[1]。人口の2%にすぎない農民がアメリカ人全体の食料を生産し、さらに輸出していることは驚くべきことである。世界の農産物需要は変動があるものの着実に増え、アメリカの農産物輸出は70年の73億ドル（輸入58億ドル）から95年の563億ドル（輸入303億ドル）に増加した。アメリカの農業は世界の大きな穀倉のひとつとなった。近年では、モンサント社を代表とするアメリカのバイオ化学企業の遺伝子組み換え技術が、アメリカ農業の地位をさらに押し上げている。

物財生産部門のなかで鉱業や漁業の規模は小さく、そこで働く労働者数は労働人口（農業を除く）の1%にも満たない。建設業の従事者の比率は1970〜2000年の間に4.5%〜5%で比較的安定していた。大きな変化があったのは製造業である。製造業従事者の比率は1970年27.3%、80年22.4%、そして2000年までに15%を切った。労働者数をみても、年による変動はあるものの、1969年以降徐々に減少している。

一方、サービス業従事者の割合は増大している。1970年66.7%だったものが徐々に上昇し、2000年までに80%を超えており、この割合は先進国のなかでも特に高い。70年から2000年のあいだに労働者が大きく増えたのは

---

[1] ちなみに日本の2000年の農家数は234万戸（うち兼業農家は42万6,000戸）平均耕地面積は約2ヘクタール（約5エーカー）であった。

金融，保険，不動産，小売，地方政府およびその他サービス（教育，医療，レジャー関係，専門職など）で，それらに比べると交通・公益事業や卸売の労働者数は増加したものの，比率は低下した。

注目すべきは連邦政府の被雇用者数で，70年には299万人（センサス年の一時雇用を含む。以下同じ），80年298万人，90年323万人，2000年287万人とほとんど増えていない。ここからは，小さな連邦政府という目標は雇用の面では実証されているといえよう。もっとも，州・地方政府の雇用者は1970年の982万人から1,392万人（80年），1,523万人（90年），1,798万人（00年）へと増加している。被雇用者という側面からみるかぎり地方分権が進んだ結果とみてよいのかもしれない。こうして，両者をあわせた政府部門全体では，労働力人口の1.8％前後で推移した。

それでは，なぜ製造業の労働者が減り，サービス業の労働者が増えたのであろうか。いくつかの理由が考えられるが，そのひとつは製造業の労働生産性の上昇がサービス業のそれに比べて早いということである。交通・公益事業を除くと，小売，保険，金融，個人サービス，旅行，ホテル業などで生産性を上げるにはかなりの困難がともなう。なぜなら，このような業種で需要が増えると経営者は労働者を増やすことによって対応しようとするからである。

また，統計上の問題もある。例えば自動車産業がその販売部門を製造部門から切り離して別の会社として独立させると，販売会社はサービス業に分類されるため，サービス業は拡大する。経済成長とともに分業がすすむので，この傾向は今後も続くであろう。

これ以外にもっとも大きな理由は，グローバリゼーションであると考えられる。製造業が厳しくなった国際競争に対応するため，企業は生産工程のうち単純労働でまかなえる部分を海外にアウトソーシングし，国際的な分業体制をととのえたりする。さらに，工場そのものを賃金水準の低い国に建設する。そうすることによって企業は国際競争力を維持しており，企業の生き残り戦略が国内の製造業の相対的縮小を導いたといってよい。

いまひとつの基本的な理由は，物財を売るより，無形財を売る方が有利になりつつあるということがある。無形財には情報，知識および技術などが含

まれている。知識や技術は情報が人間の頭脳のなかに蓄積されたものであり，その一部はコンピューターや書物のなかで見ることができる。アセンブリー・ラインの傍らに立ちコンベアの流れに沿って部品を組み立てるより，専門職に就きたいと考えるのが高学歴をもつ労働者の正直な気持ちではないだろうか。

サービス業の拡大は前節で述べた所得分配の不平等化，中産階級の相対的縮小につながったと考えられている。製造業は比較的高賃金で，業種間の賃金格差が少ないのに対し，サービス業の賃金格差ははるかに大きいからである。このことは，1つのソフトを開発して大きな利益を得る技術者もいれば，時間給で働く非正規労働者もいることを考えれば容易に想像できる。

グローバリゼーションと産業構造の変化は20世紀最後の20年間に加速した。21世紀にはいると，サービス業の成長とともにそれに付随した問題点も明らかになってきている。

3.2　労働生産性

図8-3は労働生産性の変化率（四半期ベース，1人当たり生産額）を製造業と非農業部門の2つに分けて示している。金融危機直前の2002年第Ⅰ四半期〜07年第Ⅲ四半期については，製造業の生産性は下方トレンドが認められるものの，3.86％の成長率を維持している。そして，景気循環との関係でみれば，景気後退期に生産性は大きく低下し，景気回復とともに生産性も上昇することがわかる。つまり，ここからは弾力的に労働力の需給調整が実施されていることがうかがえる。弾力的な調整には，高い生産性と賃金体系をもつ産業への労働者のシフトが容易であるというプラスの評価とともに，企業が労働を保蔵せず，労働者の解雇や整理を容易に行っていることが含まれる。ブッシュ政権は前者のようなプラスの評価をしていたが，後者のような動きが広がり，2008年秋以降の景気後退において失業率が急上昇し，オバマ政権の政策コストを高める結果となったとみてよい。

労働生産性がなぜ重要なのか。図8-2で示したように，アメリカの経済成長に果たす労働投入の役割が大きかったことがひとつの理由である。いまひ

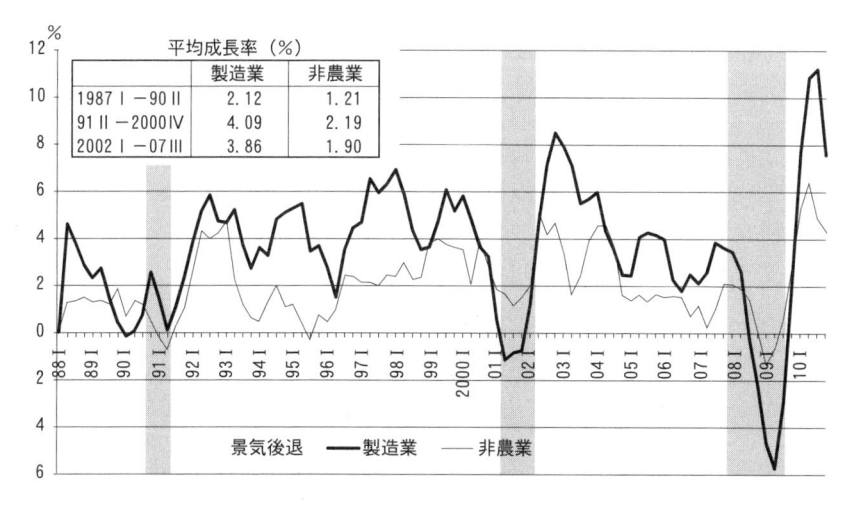

図 8-3 景気循環と労働生産性（労働者1人当たりの生産額）の変化率（対前年同期比）

出所）Bureau of Labor Statistics, Productivity and Costs より筆者算出。

とつは，労働生産性が2倍になれば，同じ労働力投入で生産額は2倍になるからである。つまり，今後予想される高齢化によって労働時間（投入量）の伸びが鈍化しても，生産性向上によってGDPの成長が維持される。

労働生産性向上の要因には，資本進化，技能の向上および効率性の向上がある。資本進化とは労働者1人あたりが利用できる資本量増加のことを指す。すでに述べたように，PCの導入によって同じ書類を作成するのに必要な時間が短縮された。タイプライターや写植機に代わるPCの導入によって生産性を向上させることは直観的に理解できる。これが資本進化の生産性成長に対する寄与のことである。技能の向上とは労働者の訓練や経験の増加を通じて実現されるものである。効率性は概念的には企業努力といってよいもので，単位あたりの産出額に必要な労働力や資本量を減少させるのと同じ労働量力や資本量であっても産出額自体を上昇させる場合がある。前者はプロセスイノベーション（生産工程の改善），後者はプロダクトイノベーション（製品の改良）といわれる[2]。

このような生産性の成長はすべての産業で同時に生じているわけではな

2　大統領経済白書（2007）第2章。

162　第8章　繁栄が続いた90年代

い。そこで，アメリカの成長に対して寄与の大きい労働投入の変化との関係

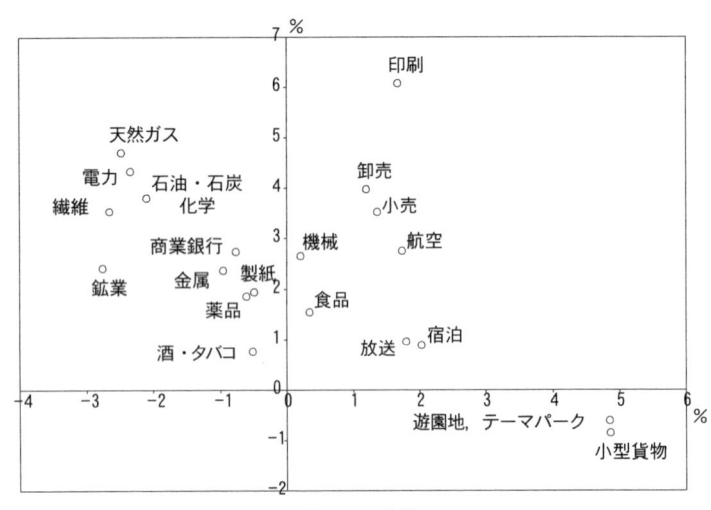

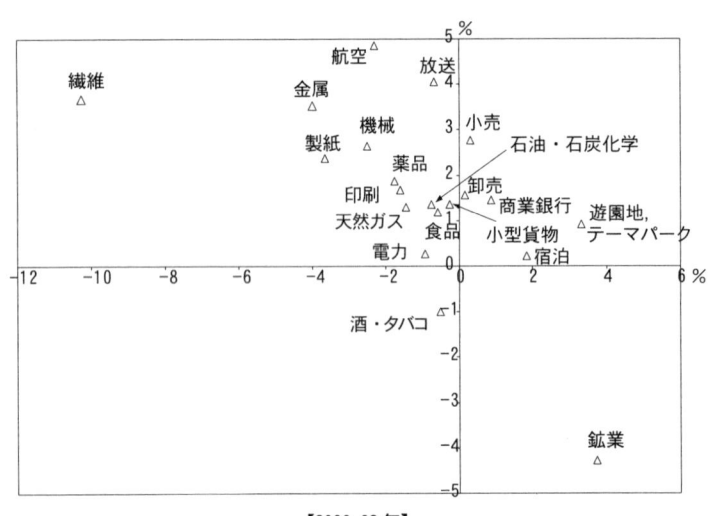

図8-4　産業別の労働生産性（Y軸）と雇用者数の年平均変化率（X軸）

出所）　Bureau of Labor Statistics, Productivity and Costs ならびに Employment and Earnings より筆者作成。

で産業別の特徴を明らかにしておきたい。

　図8-4は産業別の労働生産性と雇用者数の年平均変化率を示したものである。労働生産性は生産額／労働投入量だから，生産性が伸びると考えられるのは以下の2つである。ひとつは労働投入量の伸びを上回る生産額の伸びがあるか，いまひとつは，たとえ生産額が一定であっても労働投入量がマイナスになるケースであり，図8-4でいえば，第2象限をイメージして頂きたい。このケースでは雇用者数が減少したり，労働時間が短縮されることから，他産業で吸収されないかぎり失業者数が増加したり，賃金が減少する。ここに該当するのは公益事業（電力，天然ガス），化学および多くの製造業である。

　他方，第1象限にある業種は雇用者数を増加させながら，生産性を改善させている。1990年代にここに含まれているのは，機械，卸売，小売などの業種のほか，好況を反映して航空や宿泊などである。2000年代にはいるとここに含まれる業種数は減少し，卸売，小売および宿泊などは引き続いて含まれているが，少なくとも製造業や機械はすべて第2象限にあり，雇用調整の状態にあることがわかる。また，2000年代にはいり，繊維業では1990年代を上回る数の雇用者が削減されたことがわかる。

　2000年代の繊維（第2象限）と鉱業（第4象限）が他の産業から大きく離れた値になるため，それらを除外すると，表8-1のような結果が得られる。2000年代は1990年代と比べ，産業全体として生産性の伸びが縮小し，雇用を減らした産業が多くなった。ところが，分散は縮小していることから，生産性と雇用の伸びについての産業間の差異は小さくなった。

表8-1　労働生産性と雇用者数の変化率の基本統計量（産業別）

	1991—99年		2000—08年	
	生産性	雇用	生産性	雇用
平均	2.42	0.55	1.80	−0.80
中央値	2.50	0.28	1.51	−0.72
分散	3.28	4.52	2.00	3.23

出所　図8-4と同じ。

4. 所得格差の拡大

所得配分の状態を示す指標として一般的であるのはローレンツ曲線とジニ係数であり，すでにジニ係数については図 5-1 で説明したとおりである。そこで，本章ではローレンツ曲線を用いて説明することにしよう。

まず，表 8-2 には世帯所得（family income）にもとづく 5 分位所得分布と上位 5％人口の所得シェアを示しているが，マイノリティだけを独立して抽出した数字をあわせて示している。傾向としては，人種を問わず所得格差は 2008 年までほぼ一貫して拡大傾向にあることがわかる。人種別にみると，2008 年には黒人の第 1 分位の比率が最小であること，第 5 分位の比率が最大であることから，黒人の格差が相対的に大きいことがわかる。また，全人口とヒスパニックの上位 5％のシェアは 2008 年に縮小しているが，黒人のそれだけは拡大している。

表 8-2　5 分位所得と上位 5％が総所得に占めるシェア（世帯所得）

	第 1 分位	第 2 分位	第 3 分位	第 4 分位	第 5 分位	上位 5％
全人口						
1960	4.8	12.2	17.8	24.0	41.3	15.9
1980	5.3	11.6	17.6	24.4	41.1	14.6
1990	4.6	10.8	16.6	23.8	44.3	17.4
2000	4.3	9.8	15.4	22.7	47.7	21.1
2008	4.0	9.6	15.5	23.1	47.8	20.5
黒人						
1968	5.0	10.8	16.6	24.8	42.7	15.0
1980	4.3	9.6	16.1	25.5	44.5	15.2
1990	3.3	8.6	15.6	25.3	47.3	17.3
2000	3.6	9.3	15.4	23.9	47.8	19.2
2008	3.1	8.9	14.9	23.8	49.3	19.9
ヒスパニック						
1980	4.9	16.7	24.7	24.7	43.0	15.6
1990	4.3	16.0	24.2	24.2	45.7	17.5
2000	4.2	15.0	22.5	22.5	48.7	22.2
2008	3.8	14.9	23.2	23.2	48.8	20.3

出所）　Bureau of the Census の HP。

4. 所得格差の拡大

　図8-5は表8-2における全人口の5分位所得から作成したローレンツ曲線である。ローレンツ曲線と対角線の間の面積がジニ係数であり，この面積が大きくなるほど格差が拡大する。低所得者層と高所得者層を除いた中産階級のシェアは20年間に第2分位が2.6%ポイント減，第3分位が2.3%ポイント減，第4分位が0.9%ポイント減となっている。つまり，中間層の所得の相対的低下がもっとも目立った特徴であった。したがって，1960年以降，ローレンツ曲線は外側に移行しており，アメリカ経済の所得格差が拡大していることは明らかである。つまり，初期クリントン政権が実施した高所得者に対する増税は，ほとんど所得配分に影響をもたなかったといってよい。

　中産階級の層の厚さは，かつて経済の大きな安定要因と考えられていたが，いまや中産階級が相対的没落の時期を迎えているのであろうか。この理由については，これまでに説明した産業構造の変化に加え，再分配を抑制するような政策が影響しているといわれている。ただし，アメリカの所得分配を考えるとき，移民の影響を考慮にいれておかねばならない。

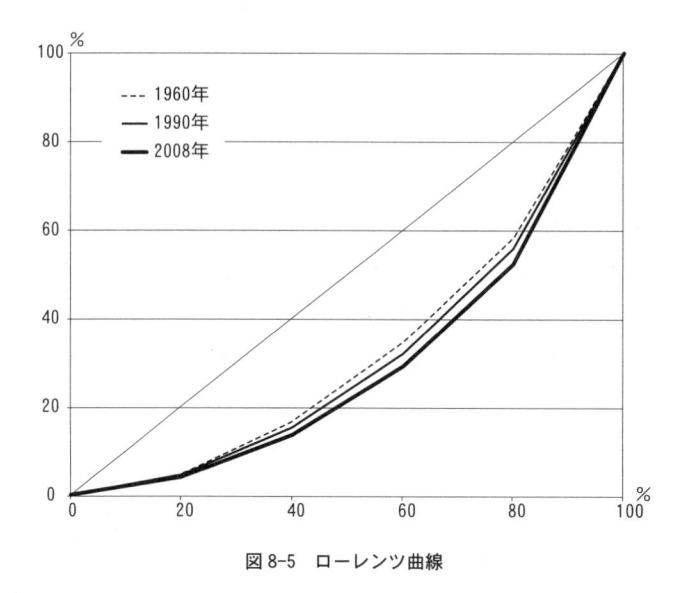

図8-5　ローレンツ曲線

出所）　表8-1と同じデータから筆者作成。

アメリカのセンサス局は人びとがようやく生活ができるぎりぎりの所得を貧困線と名づけ，それ以下の人口も発表している。貧困線以下の人口比は1980年の13.0％から2000年の11.3％へと低下したが，それ以降は徐々に上昇して2009年には14.3％になった。わずか9年間で3.0％ポイントも上昇したことになる。

人種別の比率をみると黒人が80年の42.3％から2001年に30.2％へと最低を記録し，09年には35.7％へと上昇している。ヒスパニックは33.2％から01年には28.0％に低下したのち，09年に33.1％を記録した。アジア系は16.1％（1987年）から9.9％に低下した。人種別貧困者の割合は歴史的理由や平均的な教育水準の差によってかなり大きな差はあるものの，どの人種においても低下している。つまりジニ係数でみた所得配分は不平等になっているが，絶対数でみる貧困者の割合は低下していることになる。しかも，この間アメリカは1981～90年に725.8万人，1991～2000年に908.1万人の移民と100万人以上の難民を受け入れ，不法滞在者が700万人いるとされた。移民の多くが入国した主な理由はアメリカにある仕事であり，当初は貧困線以下の生活からはじめる[3]。

このことは，貧困者の比率が実質経済成長率や失業率とより深く関係していることを示している。規制撤廃や市場経済重視によって格差が拡大したという主張の多くは観念論であって，厳密に証明されたものではない[4]。

アメリカの人種構成も大きく変化した。ヒスパニックではない白人は70％を切り，黒人とラティーノがそれぞれ12.5％前後になった。人種が多様化することは文化も多様化するということである。アメリカのアメリカ研究関係の学会での中心的な課題のひとつは，アメリカが歴史上前例のない多文化国

---

[3] 1924年に制限的な移民法が制定されたことはすでに述べたが，第二次大戦後は1964年の公民権法（市民生活上の権利における人種差別の撤廃）をはじめ人種差別撤廃を重視した法案が次々と成立した。移民法もまた改正された。移住における地域差別や民族差別は撤廃され，1年の移民受入総数のみを規制する方向に変わったのである。その結果，比較的ゆたかな西欧諸国からの移住者が少なくなり，ラテンアメリカやアジアからの移民がいちじるしく増加した。
[4] このことは，日本でも共通しており，小泉政権以降に格差が拡大したと指摘する人がいるが，そうした証拠はないし，証明も難しい。

家になったことの意味と異文化の共存や融合のあり方になっている[5]。

5. 州権の拡大—道路政策を例にして

5.1 道路整備における連邦の権限

　1980年代以降の20年間における小さい連邦政府への動きは，連邦政府による再分配機能の縮小と表現できる。ここではこのような動きが顕著にみられた道路政策の変遷を事例に，州権の意味を考える。連邦制における州は日本の都道府県とは異なり，兵隊まで有する強大な権限をもつ。しかし，歴史的にみれば，連邦と州の力関係は一定したものではなく，時代とともに変わってきた。

　ここで紹介する道路政策は政治との関係が深いため，地元エゴや公共事業プロジェクトの誘致といった形につながりやすい。換言すれば，州あるいは選挙区を問わず，地元への連邦資金の増加が望まれ，その結果が州権となってあらわれるにすぎないのかもしれない。以下では，道路整備における連邦権限の拡大過程と縮小を振り返る。

　まず，連邦の権限と税源配分の歴史にふれておこう。1787年に制定された合衆国憲法に記された交通に関する連邦の権限には，諸外国，州間およびインディアン部族との通商（第1条8節3項），郵便局と郵便道路の建設 (to establish Post Offices and post Roads, 8節7項) がある。このほかにも8節には，軍の統轄，公共の福祉のための税の徴収および貨幣の鋳造などが連邦の権限として列挙されている。

　憲法成立後間もない1791年に批准された修正10条では，憲法にもとづいて連邦に委任されなくとも州に禁止されていない権限は，州あるいは州民に

---

[5] 国勢調査による人種エスニック統計は自己申告により分類されるが，自分を人種区分の一つに分類することが困難な場合を考慮し，2000年の調査からは自分の帰属する人種集団を二つ以上あげることを認めるようになった。しかし二つ以上の人種への帰属を申告した人々は全体の2.4%にとどまった。ヒスパニックは言語によるエスニック区分であるから人種的帰属は多様であり，白人と申告する人も多いが「その他の人種」とする人も多い。ハワイアン等太平洋島嶼系の人々は1990年までアジア系に含まれていた。

留保されることになった。こうして，連邦の権限は列挙権限あるいは明示権限に限定されることになった。ところが，1819 年の連邦最高裁の判決（マカロック対メリーランド州事件）において憲法にもとづく連邦法の州法に対する優越が認められた。

19 世紀以前において連邦政府は道路整備に対してはほとんど関与しなかった。けれども，20 世紀にはいると状況は一変する。まず，1913 年に憲法修正第 16 条が成立し，連邦議会に所得税の課税権と徴収権が認められることになった。そして道路についても，1916 年連邦補助道路法が成立し，同法以降，州に対する連邦道路補助が定着した。そして，1932 年にガロンあたり 1 セントの連邦燃料税が徴収されることになり，後のニューディール政策によって連邦政府の役割が大きくなったと考えられている。

20 世紀前半には連邦政府と地方自治体との関係が強化され，特に大都市の問題に対する州の関与は弱くなった。ただし，道路に限っていえば，連邦政府の役割は州政府の拠出分の肩代わりをした程度であり，連邦，州および地方をあわせた道路支出額自体はそれほど大きく伸びたわけではない。したがって，連邦政府が積極的に州権に介入したとはいえない。1920 年代半ばから 40 年代初頭にかけて，郡政府の道路支出における州の影響力が強まり，現在でも道路整備の主体が州政府であることは変わりがない。

5.2 連邦道路信託基金

インターステート道路網の建設計画が盛り込まれた 1944 年と 1956 年の連邦補助道路法によって，道路整備に対する連邦政府の役割は実質的に拡大することになった。1944 年法の成立後もインターステート道路の延長，ルートおよび連邦資金の拠出方法などをめぐって連邦議会で議論がかわされ，1956 年になってようやく連邦補助道路法が成立した。同法では，インターステート道路に対する 90% の連邦負担が定められ，同年の道路歳入法にもとづいて連邦道路信託基金が創設された。

州間の利害対立のなかで，1956 年連邦補助道路法が成立した背景には，アイゼンハワー大統領の議会との粘り強い交渉があった。彼は東西両岸の人

員や物資輸送に窮した第二次大戦の経験にもとづいて，人貨の輸送ルートとしてのインターステート道路の整備が国防の強化につながるという認識をもっていたといわれている。つまり，インターステート道路は国防道路としての役割をもっていた。

信託基金の収入のうちおよそ90％は連邦補助として州政府に配分される。連邦補助には，公式にもとづく配分（公式配分，apportionments）とプロジェクトベースの配分（特別配分，allocations）があり，前者が全体のおよそ8割以上を占める。そして，州政府からの資金は，地方政府（地方自治体，準地方自治体）の道路関連収入の27％（1998-03年合計）を占める。道路網の完成には州間の資金移転を前提とした信託基金という制度は不可欠であった。

アメリカの道路利用者税は，連邦と州が取得段階，保有段階および使用段階の3つのレベルで独自に課税している。たとえば，取得段階では連邦税としてトラック売上税とタイヤ重量税が，州税として自動車売上税と権利税（title tax）が課されている。保有段階では連邦税として重量車両道路使用税が，州税として自動車登録税，所有税および免許税が課されている。そして使用段階では連邦と州の双方が燃料税を課している。

道路関連収入のうち，もっとも大きなシェアを占めるのが燃料税である。信託基金の創設当時に1ガロン3セントであった連邦ガソリン税は，道路財政の改善のため1983年に9セントにまで引き上げられ，現在18.4セントになっている。

1980年代以降には州燃料税の引き上げがつづき，連邦燃料税をあわせた燃料税の担税額にかんする州間の差異が拡大した。たとえば，州燃料税が最低水準にあるのはジョージア州で，1ガロンあたり7.5セントとなっている。

現在，ジョージア州でガソリンを購入すると，自動車利用者は連邦燃料税を加えた25.9セントを負担するにすぎない。しかも，他の州が財源不足と環境配慮を理由に燃料税の増徴をすすめるなか，ジョージア州は1971年以来，州燃料税額を据え置いている（ただし，価格の3％相当の燃料売上税が

かかる)。他方，同じ南部州であっても，テキサス州は82年からおよそ10年間で税額を4倍に引き上げ，82年の州燃料税は全米最低額の5セントであったものが，91年に20セントになった。2008年に最高額を課しているのはワシントン州で，税額はガロンあたり37.5セントにおよび，ウエストバージニア州の32.2セントがそれに次ぐ水準となっている。

　また，アメリカの連邦燃料税の税額はガソリン，ディーゼル，液化石油ガス（LPG）およびエタノール混合燃料（ガソホール）の4つに区分されている。すべての燃料を同一税額にするジョージア，ミズーリおよびユタなどの州もあれば，ガソリンとディーゼルの税額を区別する州もある。例えば，ペンシルベニア州では，ガソリン燃料税は30セントであるが，ディーゼル燃料税は38.1セントで，ワシントン州をしのいで全米の最高税額となっている。

　このような税額の差異には，州の政策以外にも，連邦政府のエネルギー・環境政策が色濃く反映している。1970，80年代に連邦政府はガソリンの代替燃料の使用を促進し，農家の収益悪化を防ぐため，燃料税をインセンティブとして利用した。それが端的にあらわれているのはエタノール混合燃料（ガソホール）の税額であり，現在は一部の州を除いてガソリン税と同じ税額を課すようになったが，ガソリンに比べて低い水準に置かれていた。

　アメリカの燃料税収の一部は，1990年に連邦財政赤字の削減を目的に一般財源化された。同年に燃料税は5セント引き上げられ，値上げ額の2分の1にあたる2.5セントが一般財源に繰り入れられることになった。こうしてガソリン燃料税はガロンあたり14.1セント，ディーゼル燃料税は20.1セントとなった。さらに1993年からは，ガソリン燃料税が4.3セント引き上げられ，増徴分のすべてが一般財源に繰り入れられた。

　しかし，連邦財政の好転とともに，政府は利用者負担を一般財源化する理由を失った。97年に燃料税収は再び特定財源に戻されることになった。そのとき，ガソリン税自体は引き下げられることなく，4.3セントのうち3.44セントを道路に，0.86セントを公共交通に充当することが決定された。こうして，道路への配分は15.44ドル，公共交通へのそれは2.86ドルとなり，

18.4セントのすべてが交通の財源となったのである。

5.3 州権の拡大

『荒廃するアメリカ』(America in Ruins, 1981) の公刊は，アメリカの老朽化したインフラに焦点をあてることになった。インフラの状態はスタグフレーションに苦しむアメリカ経済と重なり合ったことはいうまでもない[6]。けれども，インターステート道路は建設よりも維持管理が重要になっていることを世間にひろめることにもなった。1983年，ガソリン税はガロンあたり4セントから9セントへと増税され，同時に道路への連邦補助も大幅に増額された。

連邦議会における道路予算の獲得競争は激しく，収入の増額によってもそれにはかわりがなかった。交通量の多い都市地域のインフラは損傷機会も多い。また，早くから都市化がすすんだ都市のインフラは老朽化しており，新しい都市に比べて維持管理費も高くなる。そして，フロリダ州やテキサス州の都市地域では既存道路の維持管理をすすめながら，急激な人口増加に対応してインフラを整備しなければならない。こうしたインフラ資金を要する州への補助額の規模は大きいが，1人当たりの補助額は小さく，資金は恒常的に不足していた。

ガソリンはいわゆる蔵出し税であるから，製油段階で納税される。けれども，ガソリンは走行距離に応じて必要であるから，それに対する税は道路を利用する料金なのである。したがって，交通量にもとづいて擬似的に州別に分配し，州への納税額（州の負担額）とみなされている。インターステート道路の完成が目前に迫った1980年代になって，納税額の多い（交通量の多い）州選出の連邦議会議員は，信託基金の再分配機能を不公平と主張した。そして，受益と負担の比率を示す還元率という指標を用いて両者の乖離を連邦議会で取り上げた。これが最低配分保証措置の創設につながった。

還元率の考え方や変化に関する詳細な説明は避けるが，信託基金からの補

---

[6] 米国州計画機関評議会編 (1982)『荒廃するアメリカ』(古賀一成訳，岡野行秀監修) 開発問題研究所.

助額の全国シェア／信託基金への納付額の全国シェアによって規定されている。この考え方が導入されたのは1982年陸上交通援助法（STAA）であり，そこでは還元率85%以上が保証されることになった。後継法の陸上交通援助・移転補償に関する法律（STURAA）においても還元率は85%と定められ，ISTEA (Intermodal Surface Transportation Efficiency Act) においてそれは90%，TEA21 (Transportation Equity Act of 1998) では90.5%へと引き上げられた。最新の道路立法であるSAFETEA-LU (Safe, Accountable, Flexible and Efficient Transportation Equity Act) においても，2005-06年度には90.5%，07年度には91.5%，08-09年度には92%という還元率が定められている。

　図8-6は地域別の還元率の推移を示している。北東部と西部は1を上回り，それに対して，南部と中西部はほとんど1を下回っている。ここからは，前者が最大の受益地域，後者が最大のドナー地域ということができる。筆者の計算によれば，州別の還元率の差は徐々に縮小しており，とりわけTEA21における差の縮小は北東部の還元率の低下と南部のそれの上昇によって得られた結果である。

　南部の還元率は最低水準にある。アメリカ史の観点からみれば，伝統的にミシシッピ水運に依存した南部の道路網の密度は低く，19世紀後半になると有料道路（ターンパイク）から発達してきた北東部の道路網との粗密のコントラストは明白であった。南部では20世紀にはいっても都市が十分に発達しなかったため，都市間道路として整備されたインターステート道路の密度も低い。つまり，維持管理のシェアが増加しはじめた1990年以降にこのような結果になるのは，歴史の帰結だったのかもしれない。

　信託基金の創設からおよそ50年しか経過していないことからすれば，信託基金のような地域間内部補助による公的金融システムはアメリカ史における例外と言えるかもしれない。そして，1980年代に創設された最低配分保証措置は自らの州が稼いだ税は自らの州で使うという発想にもとづいている。これによって他の州の使える資金は減少し，結果的に州間の受益と負担の格差は縮小する。つまり，州権の拡大である。これは，議会では政治闘争

図8-6　還元率の推移

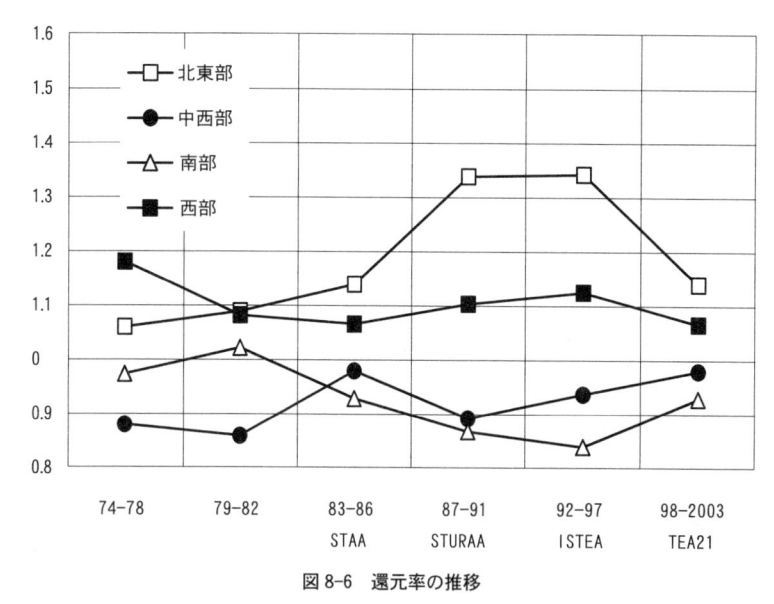

出所）*Highway Statistics* より筆者算出。

となって現れるものの，主要道路が建設の時代から維持管理時代にはいったことが引き金になっていることを忘れてはならない。維持管理が中心になれば，通行量が多いほどコストがかかるため，その責任の大きい州に歳入を配分すべきということなのである。

　近年，燃費の改善や価格の高騰によるガソリン消費量の減少にともなって，信託基金の歳入不足が顕著になっている。そこで，対距離課金（たとえば，ETCなどによって走行距離を測定し，距離あたり単価を乗じ課金するシステム）を中心に，あらたなガソリン税の徴収方法が検討されている。徴収方法をかえても，信託基金のようなプールシステムを維持すれば，また配分の問題が浮上するだろう。けれども，州権拡大の根拠が維持管理費にもとめられるのであれば，再分配の割合が大きくなるとは考えにくい。

第 9 章
21世紀のアメリカ

1. ブッシュ大統領と9.11テロ

　2000年の大統領選挙は，フロリダ州の開票結果によって雌雄を決するという接戦になった。さらに，その開票結果は法廷闘争にもちこまれるという波乱も起こった。ジョージ・W. ブッシュ・ジュニアは一般投票において民主党大統領候補のアルバート・ゴアに及ばなかった。しかし，大統領選挙は間接選挙であり，ブッシュは選挙人の数でゴアを上回ったのであった。したがって，就任当初，ブッシュが再選されるという見方はほとんどなかった。

　ブッシュはテキサス州知事としての実績はあったものの，選挙戦中から彼の知性や若き日の行状についての批判は強かった。選挙結果をみると，ブッシュの支持層は東西両岸の大都市圏を除いた中西部や南部の州であり，共和党のなかでも保守的な考えをもつ人びとがブッシュに投票したのであった。

　ブッシュを再選へと導いたのは，2001年9月11日に起こったテロ（9.11テロ）であった。アメリカ人にとって9.11テロは衝撃的な事件であった。これまでアメリカ本土が戦場となったのは独立戦争と南北戦争だけであり，アメリカが敵国から本土攻撃を受けたことはなかった。さらに，テロの攻撃対象は全米最大の都市ニューヨークであった。こうしてふたつの大洋に囲まれたアメリカは安全であるという神話が崩壊した。

　アメリカ国民はテロの衝撃と安全神話の崩壊にやや感情的とも思える反応を示し，単純な論理でテロとの戦いを進めるブッシュを支持した。アメリカ軍はまずアフガニスタンに侵攻し，タリバン政権を崩壊させた。さらに，2003年にブッシュはアメリカ軍にイラク侵攻を命じ，その結果，フセイン

政権は崩壊した。しかし、イラク侵攻の理由であったイラクが「大量破壊兵器」を開発中という情報の信憑性にははじめから疑問符がついていた。最終的にイラクで大量破壊兵器が見つからなかったことは2004年の大統領選挙戦中に発表されたが、「戦時」大統領を前面に押しだす戦略はブッシュを再選に導く原動力となった。

　何とか再選は果たしたものの、その直後からブッシュの支持率は低迷した。そして、2008年大統領選挙ではブッシュの不人気が後継者に指名したジョン・マケイン候補の支持率をも左右し、最終的にはマケイン本人もブッシュから距離を置いた発言をせざるをえなかった。こうしてアメリカ初の黒人大統領バラク・オバマが誕生する。

　アメリカは9.11テロとその後のテロとの戦いで何を得、何を失ったのか。これについては、イスラム世界からの怨嗟や保守的な風潮の高まりなど多くの議論があるだろう。経済面では1998年に回復した連邦財政の黒字が赤字に転換し、経常収支の赤字とあわせて、アメリカ経済はふたたび双子の赤字という荷物を背負うことになった。

　加えてイラクで大量破壊兵器が見つからなかったことは、テロ戦争を支持した海外の首長たちを政治上、窮地に追い込み、イギリスやオーストラリアの政権交代に少なからず影響を与えた。アメリカへの外国人の入国審査はきわめて厳しくなり、身体検査のために空港に行列ができた。アメリカ路線をもつ相手空港のセキュリティ水準も引き上げられた。人びとの空港での滞在時間は明らかに時間のロスであり、それによって失われた価値は計り知れない。アメリカの地方空港に漂っていたのんびりムードも消え、テロ未遂報道のたびにセキュリティレベルは引き上げられた。それにもましてテロとの戦いで得たものがあったであろうか。あったとしても、わずかであったように思われる。

2. サブプライムローン問題

2.1 ストック価格の変動

ニューエコノミーといわれた長期にわたる好況は2001年の景気後退で終了し，株価の下落をもって「ITバブルの崩壊」と表された。しかし，アメリカの景気後退はほぼ1年で終了し，景気は回復にむかった。ただし，その過程では金融危機を引き起こす原因となるしくみがつくられていった。ここで言うところの金融危機とは，2007年夏のサブプライムローン問題の表面化から2008年秋以降のリーマンショックへと続く一連の事象を指しており，以下ではそのしくみを説明する。

図9-1は2つの株価（ダウジョーンズ工業株平均（DJ）とナスダック総合株価指数（NSDQ，1971年2月＝100））と住宅価格指数（全国値，2000年＝100）の推移を示している[1]。

グリーンスパンは1987年にFRB議長に就任してから，アメリカ経済の

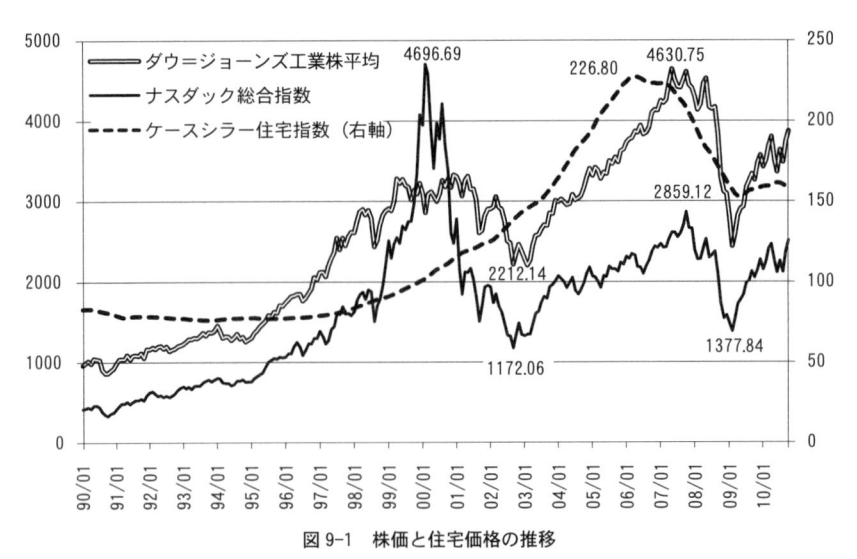

図9-1 株価と住宅価格の推移

出所）Yahoo FinanceとS&P社のウェブページよりデータをDLして筆者作成。

危機を巧みな金融政策でたびたび乗り切り,「マエストロ」とまで称された。グリーンスパンが1996年のスピーチで当時の株高を「根拠なき熱狂」と評したことは余りにも有名である。しかし，その後も株価は上昇した。図9-1のDJとNSDQには，2000年と2007年のピークとその後の株価下落という共通した特徴がある。けれども，DJが2007年5月に最高値をつけたのに対し，NSDQは2000年2月が最高値となっている。グリーンスパンの演説の翌年（1997年1月）からNADQが最高値をつけた2000年2月までに，DJは35%，NSDQにいたっては243%も上昇した。

　NSDQは急速かつ大幅に下落し，2002年9月に最低値をつけた後に回復の傾向を見せているが，3,000を上回ったことはない。また，ふたつの指数は金融危機とともに大きく値を下げたが，2009年2月をさかいに上昇に転じている。

　一方，住宅指数（2000年1月＝100）は2006年4月までほぼ一本調子で上昇し，株価のピークより少し早くピークを迎え，それから下落に転じた。ここで重要なのは，少なくとも2006年以前において株価には上下変動があるのに，住宅価格は上昇しつづけたことである。住宅指数は1985年からの15年間で1.6倍になったが，2000年からの5年でおよそ2倍に達したことがわかる。これは後述するように，住宅市場に資金が流入したからである。なお，住宅指数は2009年6月から反転して上昇の傾向を見せていたものの，2010年8月から下落している。

　図9-2は図9-1に含めた住宅価格指数と地域別の指数の推移を示している。ここでも，全国的に住宅価格の伸びは2000年以降に大きく上昇しており，2005年ないしは2006年にピークを迎え，その後は低下するという共通点が認められる。他方，ラスベガスやサンフランシスコの上昇幅が大きいのに対して，シカゴのそれは2007年2月の169.41が最高値で相対的な変動幅は小さい。そして，2009年には全国平均とサンフランシスコの指数は回復

1　DJは名称こそ工業株平均となってはいるが，バンク・オブ・アメリカやJPモルガンなどの金融関連企業，ウォルマート社およびウォルトディズニー社までも含むアメリカの代表的な30社の平均である。ナスダックは新興企業の上場が中心で，IT関連企業が多いことでも知られている。

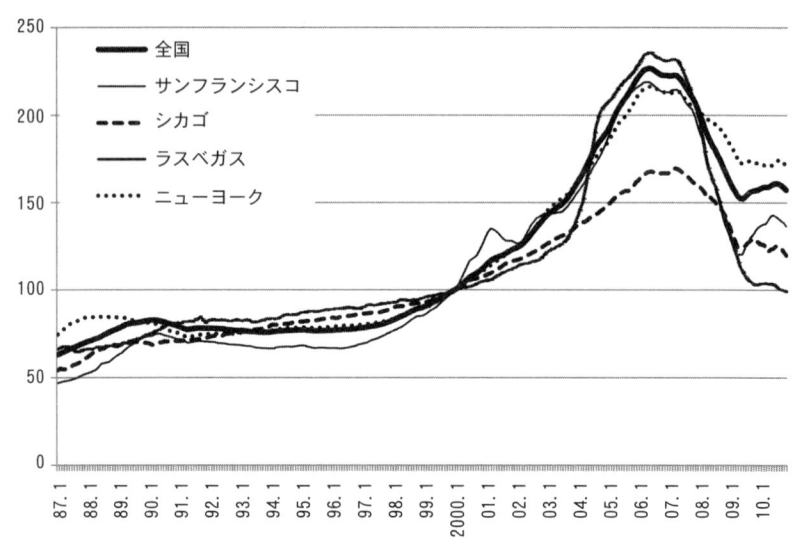

図 9-2　S&P ケースシラー住宅価格指数（2000 年 1 月＝100）
出所）　S&P 社の HP より DL して筆者作成。

基調にあるのに対して，ラスベガスやニューヨークの住宅価格には回復の兆しがみられない。このように，住宅価格には地域によるばらつきがみられる。

2.2　住宅投資と金融政策

　図 9-3 はいくつかの内需項目を選び，それらの対前期比伸び率と FF レートを示したものである。ここからは 2000 年の景気後退以降，長期にわたって低金利政策がとられたことがわかる。2000 年第Ⅲ四半期に 6.51％であった FF レートは翌年同期に 3.55％，03 年第Ⅳ四半期には 1.00％になった。他方，低金利を嫌った資金が安全とみられた住宅に流入し，一種の住宅ブームが発生し，景気が過熱したことはすでに見たとおりである。

　アメリカでは住宅購入のうち 3 分の 2 は長期（通常は 30 年，固定金利）の住宅ローンが利用され，住宅ローンの残高は 11.5 兆ドル（2010 年第Ⅲ四半期末，FRB の住宅ローン集計）となっている。特徴があるのは，住宅金融専門会社（モーゲージバンク）がローンを引き受け，同時に住宅に抵当権

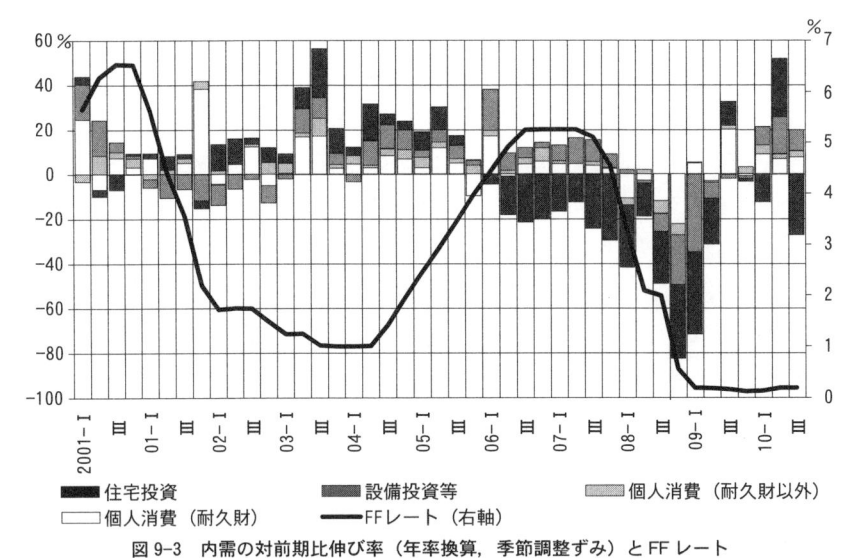

図9-3 内需の対前期比伸び率（年率換算，季節調整ずみ）とFFレート
出所）BEAのHPよりデータ（Table1.1.1）をDLして筆者作成。

（モーゲージ）が設定されることである[2]。

そのため，投資銀行などの民間金融機関のほかに，政府系機関（ファニーメイ（FNMA）やフレディマック（FHLMC））が優良なローンを買い取り，証券化する。こうして，住宅ローン債権（ローンの返済）を担保に証券が発行されるが，これは住宅ローン担保債券といわれる。住宅ローン担保債券のなかにはサブプライムローンが含まれていることになるから，それらの返済リスクは高い。したがって，投資銀行は住宅ローン担保債券だけではな

---

[2] 1933年銀行法（Banking Act of 1933，単にグラス・スティーガル法と呼ばれることが多い）では，連邦預金保険公社（FDIC）の設立のほか，銀行業務と証券業務の分離が定められた。したがって，銀行が証券業務を兼業したり，系列の証券会社をもてないため，銀行業務を担当する商業銀行と法人を顧客とする証券業務を担当する投資銀行がうまれた。投資銀行は株式や債券を引き受け，企業財務に対するアドバイス業務を行なっていた。けれども，1999年にこの法律の一部が廃止され，銀行と証券の分離は廃止されていないものの，金融持株会社は証券，保険および銀行業務を担えるようになった。投資銀行は1980年代から業務を拡大し，みずからが投資して資金を調達し，さまざまな商品を販売するようになった。

モーゲージバンクはバンクという名称ではあるものの，住宅ローン会社（日本で言うところのノンバンク）である。したがって，モーゲージバンクは預金を集められないため，長期の住宅ローンを保有することはできない。

く，他の債券と組みあわせることによって返済のリスクを減少させようとした。こうしてできたのが債務担保証券（Collateralized Debt Obligation, CDO）である。

連邦準備制度（FRS）は2004年に金融政策を引き締めに変更し，FFレートは2007年第Ⅲ四半期に5.10％まで引き上げが続けられた。他の条件が一定であれば，金利の上昇局面で住宅投資は鈍るはずであるが，2004年以降も住宅投資は衰えなかった。これはプライムローンが減少し，サブプライムローンが増加した時期と一致する[3]。そして，住宅投資が対前期比でマイナスに転じるのは，2006年である。すでに述べたように，住宅価格は2006年4月にピークを迎えているが，図9-3の住宅投資の変動からもそのことがうかがえる。

モーゲージバンクは，FRSの金融引き締めとともにサブプライムローンを積極的に引き受けるようになった。顧客には当初の金利が安く設定された変動金利ローンが提供され，しかも与信のための審査基準は甘くなったとされている。投資銀行にとっても，サブプライムローンの拡大は証券化ビジネスを継続するうえで好都合であった。投資銀行はCDOのほかに，クレジットデフォルトスワップ（CDS）を利用して信用リスクを移転させた。証券化（商品）の問題は，まさしくそれが多様な性格をもつ商品を組み合わせたものであるため，損失の規模と帰着先が不明確であること，そして，世界中の投資家に販売されたためリスクが分散したことである。

図9-4は債務比率と債務不履行の比率を示している。2000年以降，債務比率は上昇し続け，2006年と07年には17％台のままで高止まりしている。

---

[3] アメリカでは過去の履歴（クレジットヒストリー）がなければ，たとえ所得があってもクレジットカードをつくることもできない。そして，ローン支払いの滞納や差し押さえなどがあれば信用力が落ちるから，次の融資条件（資金の融通）は厳しくなる。
　信用力の高い層をプライム，もっとも低い層をサブプライムといい，サブプライムローンは本来，住宅ローンを組めないような信用力の低い層に対する住宅ローンのことである。サンフランシスコ連邦準備銀行は2004年にサブプライムの組成が対前年比で2倍以上に伸び，5,000億ドルを上回ったとしている。さらに，2006年にはサブプライムの組成比率がおよそ25％になったとしている（2007 Annual Report）。なお，プライムとサブプライムの中間にある層をオルトエー（Alt-A）という。

2．サブプライムローン問題　181

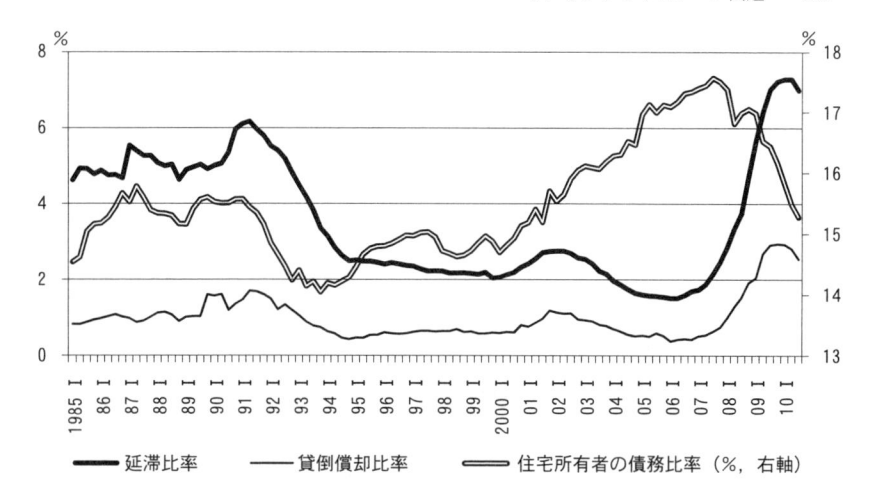

図 9-4　債務比率（financial obligations ratio）と債務不履行の比率

注）　債務比率は債務支払のほかに自動車ローン，保険および財産税の合計と可処分所得の比率。

出所）　FRB の HP より DL して筆者作成。

　ここからは，金利の上昇にともなって債務の増加がフロー（所得）の上昇を上回っていることがうかがえる。そして，債務不履行の比率を見ると，地価の上昇が止まった 2006 年第 I 四半期には 1.5％であったものが，2010 年第 II 四半期には 7.3％にまで上昇した。

　アメリカでは住宅の買い替えが普通であるから，買い替えによって一度ローンを完済し，転居時にあらたにローンを組む（借り換え，refinance）ことが多い。地価が上昇しているかぎり，人びとはさらに好条件の住宅を見つけることができるのである。他方，投資銀行やヘッジファンドは CDS を担保として他の金融機関から資金を借り入れ，さらにまた証券化商品に投資するという循環ができあがった。以上のように，関係者が拡大しているところで地価が下落したことで歯車は逆回転し，そこに政策上の矛盾も加わって，アメリカは金融危機に歩みをすすめることになった。こうして，第 2 期ブッシュ政権が主張した住宅の「オーナーシップ社会」への道のりが平坦ではないことがあらためて明らかになった。

3. 金融危機

サブプライムローンの損失は，証券化によってリスクが分散された分だけ深く大きいものとなった。連邦政府も 2008 年初頭以降，矢継ぎ早に救済策を実行してきた。そして，同年 9 月には，不良債権が膨らんでいた政府系機関である FNMA や FHLMC を新設のアメリカ住宅金融局の監督下においた。これは，外国政府が両社の債券を所有しており，両社が破綻すれば国際的に不安が広がり，アメリカの政府関連の債券の信用度が低下すると考えられたからである。

同月には，投資銀行大手のリーマンブラザーズが連邦破産法 11 条（チャプター 11）にもとづいて倒産すると，翌日には FRS が最大の保険会社である AIG を救済し，政府管理下においた。また，同じ投資銀行のメリルリンチはバンク・オブ・アメリカによって買収され，大手投資銀行であるゴールドマン・サックスとモルガン・スタンレーは，商業銀行持ち株会社に業態を変更した。これは連邦政府からの支援を受けるためであるが，わずか 1 カ月間にアメリカから主要な投資銀行は一挙に姿を消した。

金融危機後の連邦の政策は，金融危機の犯人探しと規制強化に向かった。それは，規制がないか，規制の弱いプレイヤーや仕組みが元凶だと考えられたからである。銀行が FRS や FDIC などの規制下にあるのに対して，投資銀行は連邦証券取引委員会（SEC）の監督下におかれ，自己資本規制などの厳しい規制を受けていなかったため，ハイリスクな商品を扱えたと考えられたのである。

債券や証券化商品が広範に購入された理由は，それらに高い格付けが付与されていたからであるが，格付けも規制の弱い領域であった。格付けとは過去のデータにもとづく将来のデフォルトの確率を記号で表したもので，財務指標などの定量指標の分析にアナリストの主観にもとづく分析が加味されて評価（格付け）がつけられる。アメリカではムーディーズ，S&P およびフィッチの 3 社が大手格付け会社として有名であるが，全世界で 110 社の格

付け会社があるといわれている（NPO フェアレーティング調べ）。

　格付け会社は発行体からの依頼によって格付けを付与しており，そのことが中立性を失うとして批判を浴びている。しかし，格付け会社が恣意的な格付けをすれば，格付け（会社）自身の信用が損なわれてしまう。格付け会社は格付け情報に対する顧客の信認がなければ事業を継続できないため，逆に会社の歴史こそが格付け（会社）の信用とも考えられる。金融危機に際しては，証券化商品には AAA や Aaa 格の信用度の高い（優先）債券も含まれており，信用度の低い（メザニンやエクイティといわれる）債券の評価を反映できなかったという批判は大きい。

　また，保険会社であるモノライン（金融保証会社）は地方債などの比較的信用リスクの低い債券を保証する会社であり，金融当局の規制がおよばない組織であった。代表的なモノラインには MBIA，アムバックおよび FGIC などがあり，発行体は保証料をモノラインに支払うかわりに，モノラインの AAA（Aaa）の格付けを発行債券に付与してもらう。たとえば，ダブルエー（AA あるいは Aa）の地方債に対してモノラインのもつ Aaa が付与されると，発行体にとっては支払利子額の減少分が保証料を上回るというしくみである。モノラインの抱える地方債のデフォルトはきわめて限定的であり，企業としてのモノラインのデフォルト率は小さいと評価され，高い格付けが付与されていた。

　他方，モノラインの得る手数料も少なく，ビジネスとしての旨味を欠くことから，モノラインは同時に CDO なども含めた資産担保証券（ABS）への保証をするようになった。サブプライムローンを含めた CDO の信用リスクの高さを示せなかった理由は，モノラインが信用の高い地方債と CDO をともに保有していたからである。けれども，2008 年になって格付け会社はモノラインの財務状態を疑問視してそれらの格付けを引き下げたため，モノラインが保証する債券の格付けも引き下げられた。しかも，格付けは 1 年間で数度にわたった。

　このことはモノライン保証の債券をもつ金融機関にとっても保有債券のリスクの上昇を意味するのであるが，金融機関は保険会社である（金融機関で

はないという意味）モノラインに対して保証金を要求することもできない。こうして金融機関はさらなる損失を抱えることになったのである。FGIC と MBIA は地方債の信用を守るために会社（事業）を分割して生き残りをはかり，アムバックは 2010 年 11 月に破産法適用を申請した[4]。

4．オバマ大統領

　景気後退のなか実施された 2008 年大統領選挙では「チェンジ」をスローガンに戦ったバラク・フセイン・オバマが勝利した。また，民主党予備選でオバマは元大統領夫人のクリントンと戦った。ブッシュへの批判は共和党そのものへの批判となり，支持率は低迷し，彼の政権は完全なレームダックに陥っていた。したがって，クリントン，オバマのいずれが勝利しても大統領になる可能性があり，史上初の女性大統領か黒人大統領が誕生するということになった。

　本選挙ではオバマが浮動層や若年層の圧倒的な支持を得て共和党候補マケインを下した。オバマは移民 2 世であり，両親の離婚などで決して恵まれた幼少期を送ったとはいえない。その彼がコロンビア大学やハーバード・ロースクールで学問を修め，上院議員を経て大統領候補になった。少なからぬ割合のアメリカ人は，この国が長い間かかえてきた黒人問題を総括する選挙だったと感じたに違いない。黒人だけではなく，知識層や都市住民も高揚感をもって彼の就任式を迎えた。

　オバマの勝利は彼がアメリカ社会の理想を象徴しただけではなく，物量戦の帰結でもあった。インターネットによる献金を中心にオバマの選挙資金は潤沢で，マスコミをフルに動員した感があり，この点でも共和党候補のマケインを凌駕していた。そして，マスコミもオバマに好意的であった。真実を隠してアメリカ国民を戦争に向かわせたブッシュ批判票がどれだけあったのか，オバマの将来ではなく過去を評価した票がどれだけあったのかについ

---

[4] なお，政府系のサブプライムローン問題から金融危機にいたる経緯やその対策については瀧井 (2010) に正確に書かれているので，それをご覧いただきたい。

て，選挙戦前後に明らかにされたとはいえなかった。つまり，人びとはアメリカのさまざまな問題に打ち克ってきたオバマの将来に賭けたのである。ある意味でオバマを勝たせたのもまた，時代とそのムードであった。

　大統領選挙では不況下にある経済が争点となったが，オバマは早くから連邦政府による強力な経済対策を訴えていた。彼は大統領就任後すぐに連邦支出の拡大と減税を柱とする政策パッケージを発表し，2月にはアメリカ再生再投資法（American Recovery and Reinvestment Act of 2009）が史上最大の景気対策として成立した。ここには広範な財政・金融政策が含まれており，本章に含まれるデータからもわかるように，政策の効果が比較的はやくあらわれた。

　さて，ここまで説明した金融危機前後に生じた特徴のひとつに，貯蓄率の変動があげられる。本書を締めくくるにあたり，このことを紹介する。

　貯蓄率にはフローレベルの個人貯蓄率（可処分所得―個人支出／可処分所得）とストックレベルの粗貯蓄があり，ここで問題にするのは前者である。

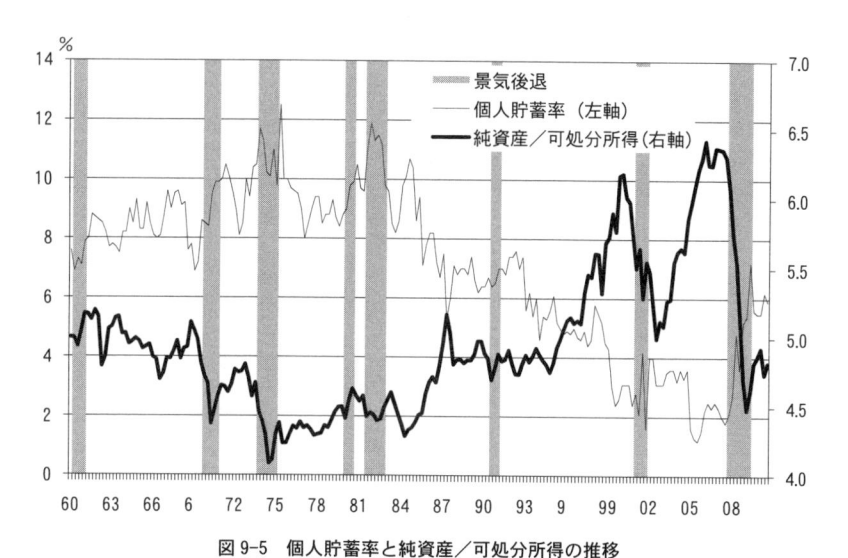

図9-5　個人貯蓄率と純資産／可処分所得の推移

出所）　個人貯蓄率は Bureau of Economic Analysis，純資産／可処分所得は Federal Reserve Bank of Florida の HP からデータを DL して筆者作成．

図 9-5 は個人貯蓄率と総資産／可処分所得比の推移を示している。このふたつの変数の間には−0.84 という強い負の相関があり，このことは総資産が増えれば貯蓄の必要性が小さくなることを意味している。2000 年代の住宅ブーム時に貯蓄率は低下し，2008 年第Ⅳ四半期に貯蓄率は 5.2%へ，2009 年第Ⅱ四半期には 7.2%へと上昇した。もっとも図 9-3 で消費が大きく減少していることから家計が貯蓄を増やしていることは想像できる。

貯蓄は将来に対する不安の指標でもある。貯蓄率は長期的な減少傾向にあったものが金融危機によって反転したのであるから，アメリカ国民から将来の生活設計に対する楽観が消えたことを示唆している。そして，2010 年 7 月に金融危機再発と防止を目的とした金融改革法が成立したが，なおアメリカの失業率は高止まりしており，人びとの期待を改善するほど実体経済が回復していないことを示唆している。

オバマ政権は医療保険制度の改革に積極的に取りくみはじめた。それはアメリカ国民の多くがもつ不安に対応しようとする試みであったが，アメリカの伝統的な価値観に抵触するとして反対もあり，その行方は確定していない。

参考文献（アルファベット順）

アメリカ経済研究会（編）（1965）『ニューディールの経済政策』慶応通信。
アメリカ連邦交通省道路局（編）（1981）『アメリカ道路史』（別所正彦・河合恭平訳）原書房。
秋元英一（2009）『世界大恐慌―1929年に何がおこったか』講談社学術文庫。
秋元英一・菅英輝（2003）『アメリカ20世紀史』東京大学出版会。
F.L.アレン（1993）『オンリーイエスタディ―1920年代・アメリカ』ちくま文庫（当初は研究社）。
Berman, David R. (2003), *Local Government and the States*, M.E. Sharpe Inc.
マイケル・J. ボスキン（1991）『経済学の壮大な実験』（野間敏克監訳, 河合宣孝, 西村理訳）HBJ出版局。
Council of Economic Advisors (every year), *Economic Report of the President*（別冊エコノミスト『大統領経済白書』, 東洋経済新報社）。
古米淑郎（編著）（1974）『第二次大戦後のアメリカ経済』ミネルヴァ書房。
林 敏彦（1988）『大恐慌のアメリカ』岩波新書（復刻版が発売されている）。
伊藤隆敏＋財務省財務総合政策研究所（編著）（2004）『検証・アメリカ経済』日本評論社。
Jackson, Kenneth T. (1985), *Crabgrass Frontier: The Suburbanization of the United States*, Oxford University Press.
地主敏樹（2006）『アメリカの金融政策―金融危機対応からニュー・エコノミーへ―』東洋経済新報社。
嘉治元郎（1968）『現代のアメリカ経済』中公新書。
片桐正俊（2005）『アメリカ財政の構造転換』東洋経済新報社。
加藤一誠（2002）『アメリカにおける道路整備と地域開発―アパラチアの事例から』古今書院。
加藤一誠（2007）「道路財源の政府間移転」『欧米における道路と自動車に係る負担に関する研究』道路経済研究所, 道経研シリーズ A-140, 13-29ページ。
加藤一誠・地主敏樹（2010）「インフラの資金調達と金融危機の影響」『同志社アメリカ研究』第46号, 137-151ページ。
金子善次郎（1977）『米国連邦制度―州と地方団体』良書普及会。
河音琢郎・藤木剛康（編著）（2008）『G・W・ブッシュ政権の経済政策』ミネルヴァ書房。
小泉和重（2004）『アメリカ連邦制財政システム―「財政調整制度なき国家」の財政運営―』ミネルヴァ書房。
マスグレイヴ（1984）『財政学III』（大阪大学財政研究会訳）有斐閣。
Miron, J.A. and Jeffrey Zqiebel (1991), "Alcohol Consumption during Prohibition," NBER Working Paper No.3675.
宮本邦男（1997）『現代アメリカ経済入門』日本経済新聞社。
宮尾尊弘（2009）「サブプライムローン問題と世界的金融危機～なぜ日本経済が深刻な打撃を受けるのか～」清水書院。
Muller, Edward K. (1987), "From Waterfront to Metropolitan Region: The Geographical Development of American Cities," in *American Urbanism, A Historic Graphic Review*,

ed. Howard Gillette, Jr., and Miller Zane L., Greenwood Press.
Mullins, Daniel R. (2003), "Popular Processes and the Transformation of State and Local Government Finance," in Sjoquist, David L., *State and Local Finances under Pressure*, Edward Elgar, pp.95-162.
村山裕三・地主敏樹（編著）（2004）『アメリカ経済論』ミネルヴァ書房。
根岸毅宏（2006）『アメリカの福祉改革』日本経済評論社。
小田隆裕他編（2004）『事典現代のアメリカ』大修館書店。
岡田泰男編（1988）『アメリカ地域発展史』有斐閣。
小滝敏之（2004）『アメリカの地方自治』第一法規。
小山高史（2009）「グローバル金融危機と金融監督規制」（科研研究会報告，mimeo）。
Pickrell, Don (1999), "Transportation and Land Use" in *Essays in Transportation Economics and Policy, A Handbook in Honor of John R. Meyer*, edited by José Gómez-Ibáñez, W. B. Tye and C. Winston, Brookings.
榊原胖夫（編著）（1976）『総合研究アメリカ⑤経済生活』研究社。
榊原胖夫（2001）『アメリカ研究―社会科学的アプローチ―』萌書房。
渋谷博史・前田高志（編著）（2006）『アメリカの州・地方財政』日本経済評論社。
渋谷博史・塙武郎編（2010）『アメリカ・モデルとグローバル化Ⅱ』昭和堂。
鹿野嘉昭（2008）「リスク管理と米国サブプライムローン問題」（科研研究会報告，mimeo）
篠原総一・原　信（編）（1984）『アメリカの高金利政策』有斐閣。
ハーバート・スタイン（1985）『大統領の経済学』（土志田征一訳）日本経済新聞社。
瀧井光夫「サブプライム危機と米国経済の再生」青木健・馬田啓一（編著）（2010）『グローバル金融危機と世界経済の新秩序』日本評論社所収，12-29ページ。
東京三菱銀行調査室（編著）（2002）『米経済の真実』東洋経済新報社。
土志田征一（1986）『レーガノミックス』中公新書。
山崎正（1989）『米国の地方財政』勁草書房。

事項索引

ア行

IS 曲線　53
ISTEA　172
I-Sバランス・アプローチ　146, 147
IMF　81, 98, 99, 101, 106, 119, 121
IT（ICT）　154, 155, 156
　──革命　155, 157
　──バブルの崩壊　176
アジアの金融危機　26
アパラチア　6, 34, 96, 110
　──開発道路　7
　──山脈　5
　──地域委員会　110
　──地域開発法　109, 110
アファーマティブ・アクション　98
アフガニスタン侵攻　174
アメリカ再生再投資法　185
アメリカ住宅金融局　182
アメリカ通商代表部（USTR）　150
アメリカ独立党　114
アメリカ労働総同盟　68
アラスカ購入　4
偉大な社会　25, 104, 108, 111, 113
移転所得　76, 91
糸と縄の交渉　150
移民法（1924年）　43, 166
イラクのクウェート侵攻　148, 174
イラン革命　126
インターステート道路　92, 93, 110, 168, 169, 171, 172
インデクセーション　139
ヴェトナム戦争　104, 107, 108, 114, 115, 125, 126, 128
ウォーターゲート事件　117, 118, 125, 128
ヴォルステッド（Volstead）法→禁酒法を見よ
AFL-CIO　68
AFDC（要扶養児童扶助）　152
エクイティ　183
SAFETEA-LU　172
FFレート　141, 143, 178, 180
FBI　13
エンゲル法則　91
オーナーシップ社会　181
オペレーション・ツイスト　119
オルトエー　180
オレゴン獲得　4
『オンリー・イエスタディ』　32

カ行

会議公開法　118
格付け　182, 183
加速度償却　55, 87, 107, 139
ガソホール（混合燃料）　170
ガソリン税　171, 173
ガソリン燃料税　170
学校区　15, 17
GATT（関税および貿易に関する一般協定）　149
貨幣供給曲線　54, 55
貨幣需要関数　53
借り換え（refinance）　181
環境保護運動　113
還元率　171, 172
機会の平等　24, 96
北大西洋条約　83
義務的（mandatory）経費　152
9.11テロ　174, 175
共同拠出（matching）資金　97
緊急救済局　68
緊急銀行法　58
緊急鉄道輸送法　63
銀行法　59
銀行法（1933年）　179
均衡予算　59, 60, 88

禁酒法　32, 33, 35, 43, 45
金本位制　99
金融危機　49, 160, 176, 182, 184, 185, 186
クー・クラックス・クラン（KKK）　42
グラス・スティーガル法　179
グランドファーザー・クローズ　63
繰り延べ需要　78
クリーピング・インフレーション　89
グリーンベルト構想　65, 66
クレジットデフォルトスワップ（CDS）　180, 181
グローバリゼーション　138, 155, 159, 160
郡（county）　15, 17
経済機会法（局）　104, 108
経済協力法（局）　82, 83
経済再生計画　138
経済諮問委員会　76, 88, 127
結果の平等　25, 96, 112
ゲットー　97
ケネディ減税　45, 104, 107
Kentucky Moonshine　34
憲法修正第18条　→禁酒法を見よ
憲法修正第22条　102
郊外化　8, 39, 92
公共事業局　67
航空管制官のストライキ　132
厚生労働基準法　67
『荒廃するアメリカ』　171
公民権法　13, 104, 166
国際通貨基金（IMF）　80, 119
国際復興開発銀行（世界銀行）　80, 81
国民経済の三面等価　26
個人的貧困　96
コスト・プッシュ・インフレ論　89
国家安全保障委員会　87
国家環境政策法　113
固定（為替）相場制　99, 121
古典派　91
コブルストーン　36, 38
コモン・マン　22, 24
雇用法　76, 91, 105
ゴールドラッシュ　4
コンシューマー・リポート　113

サ行

最高価格制　72
財産税　14, 16, 17, 18
最低賃金法　13
最低配分保証措置　171, 172
債務担保証券（CDO）　180, 183
裁量的（discretionary）経費　152
サッコ＝バンゼッティ事件　42
サブプライムローン　27, 176, 179, 180, 182, 184
サプライサイド経済学　136, 137, 139, 144
サラダボウル　5
参加民主主義　112
産業の空洞化　144
産業別組合会議　68
サンシャイン法　118
サンベルト　2
Jカーブ　146
自営農地法（Homestead Act）　20
ジェット機　71, 72, 112, 119
資産担保証券（ABS）　183
自然独占　63
GDPギャップ（アウトプット・ギャップ）　105
ジニ係数　93, 164, 165, 166
島の貧困　96, 109
社会保障税　151
ジャパン・バッシング　144
収穫逓増　156
就業促進局　68
州権　167, 168, 172
州際商業委員会（ICC）　129
州際商業法　13
修正主義（revisionism）　150
住宅価格指数　177, 178
住宅金融専門会社（モーゲージバンク）　178
住宅ローン担保債券　179
州燃料税　169, 170
州の創造物　15
住民投票　14
酒税法（1791年）　34
準地方自治体　15, 169
上級財　36, 92
証券化（商品）　180, 182
上限（キャップ）の設定　152

消費者運動　113, 131
情報の自由法　118
食料スタンプ　64
所得政策　116
ジョーンズ商船法　32
新経済政策　116, 121
人種差別撤廃運動　113
衰退地域　7
スタグフレーション　112, 116, 171
スミソニアン合意　121
スラム　97
生計農場　65
政府間移転　18
世界貿易機関（WTO）　149
石油危機　91, 112, 116, 122, 126, 131, 144
セルフメイド・マン　22, 24
繊維摩擦　149
1990年包括予算調整法（OBRA90）　151
1949年再開発法　92
選挙権行使保護に関する諸法　104
全国計画委員会　67
全国産業復興法（NIRA）　62, 65, 67
全国労働関係法　67
戦時生産本部　70
戦時動員局　70
先進五カ国蔵相・中央銀行総裁会議（G5）　144
全要素生産性　156
操作目標　140
ソーシャル・ダーウィニスト　21, 23

タ行

大気浄化修正法　113
対距離課金　173
大統領アパラチア地域委員会　110
ダウジョーンズ工業株平均　176, 177
タウン　15
　――シップ　15
多国籍企業　119, 155
タフト・ハートレー法　68, 79
ダンピング　150
地方債　183, 184
地方自治権のある法人　15
地方自治体　15, 169

地方政府（local government）　15, 16, 17, 169
地方分散化　113
　――運動　65
中立法（1935年，1937年）　69
超音速旅客機　103, 113
超過利得税　73
長距離大型輸送機　72
通信法（1934年）　63
TEA21　172
TANF（貧困家庭に対する暫定補助）　152
TVA（テネシー流域開発公社）　66, 67, 65
ディロン・ルール（Dillon's Rule）　15, 16
テキサス併合　4
鉄道法（1920年）　63
電気鉄道　36, 37, 41
天然ガス法　63
投資銀行　181, 182
投資の二面性　71
道路運送事業者法（1935年）　63
特別引出権（SDR）　101
土壌保全および国内割当法　64
『富への道』　21
トリガー価格制度　150
ドルと金の交換停止　116, 121
ドル不足　98, 118
トルーマン・ドクトリン　81

ナ行

ナスダック総合株価指数（NSDQ）　176, 177
南北戦争　2, 9, 12, 42, 59
日米安全保障条約　84
日米繊維政府間協定　150
日米通商航海条約　69
日米貿易摩擦　144
入植局　66
ニューエコノミー　155, 156, 157, 176
ニューエコノミクス　90
ニュー・デモクラット　152
ニューフロンティア　103
ニュー・レフト　114
ネイティブ・アメリカン　10, 11
ネオ・ケインジアン　105, 106
農業調整法（AAA）　25, 64, 157
納税者の反乱　17

農本主義 157

ハ行

配給制 72
馬車鉄道 36
パックス・アメリカーナ 98, 122
パリ講和会議 30
parish 15
パリティ 64
バンコール 80
反トラスト法 24, 45
非借入れ準備 140
ビナイン・ネグレクト 120
179度の政策転換 124, 127
費用－便益分析 111
ビルト・イン・スタビライザー 64, 89
貧困戦争（War on Poverty） 25, 104, 108, 112
ファニーメイ（FNMA） 179, 182
フィリップス曲線 57, 116, 124, 143
武器貸与法 70, 80
福祉改革 152
双子の赤字 134, 143
復興金融公社 58
負の所得税 108
プライムローン 180
プラザ合意 143, 145
フレディマック（FHLMC） 179, 182
ブレトン・ウッズ会議 80, 81
フロストベルト 2
プロセスイノベーション（生産工程の改善） 161
プロダクトイノベーション（製品の改良） 161
ブロック経済 46, 79
フロリダ購入 4
フロンティア 20
pay-as-you-go（pay-go, ペイゴー）原則 152
米西戦争 59
ヘッジファンド 181
ペンタゴン・ペーパーズ報道事件 114
変動（為替）相場制 121, 122
防衛動員局 87
貿易摩擦 146

北米自由貿易協定（NAFTA） 152
ホームルール 16
borough 15
ホワイト案 80
ポンド危機 121

マ行

マカロック対メリーランド州事件 168
マーシャル・プラン 82, 83
マスキー法 113
マネーサプライ 54, 55, 140, 141, 142, 143
マネタリスト 54, 55, 128, 132, 137, 143
ミシシッピ下流地域開発公社 110
民間航空委員会（CAB） 129, 130
民間航空法（1938年） 63
メキシコ戦争 4, 59
メザニン 183
メディケア 104, 152
メルティング・ポット 5
モーゲージバンク 179, 180
モデルT（T型フォード） 37
モノライン（金融保証会社） 183, 184
モラトリアム 80
『森の生活（ウォールデン）』 22
モンロー宣言 79

ヤ行

有料道路（ターンパイク） 172
輸出自主規制 149, 150
予算執行法（BEA90） 151
ヨーロッパ復興計画 81, 82, 83

ラ行

ラッファー・カーブ 135, 136, 151, 153
陸上交通援助・移転補償に関する法律（STURAA） 172
陸上交通援助法（STAA, 1982年） 172
利子平衡税 120
リージョナリズム 67
リーマンショック 27, 176
流動性のジレンマ 101
ルイジアナ購入 4
ルーズベルト不況 61
レーガノミクス 137, 142

レーガン減税　139
連合国救済復興機関（UNRRA）　80
連邦環境保護局（EPA）　13, 113
連邦緊急公共事業局（FERA）　68
連邦航空局（FAA）　13
連邦雇用局　31
連邦準備レート（FFレート）　140
連邦証券取引委員会（SEC）　182
連邦選挙運動法　118
連邦通信委員会　63
連邦動力法　63
連邦道路信託基金　168, 169, 171, 173
連邦燃料税　169, 170
連邦破産法11条（チャプター11）　182, 184
連邦補助道路法（1916年）　168
　——（1944年）　93
　——（1956年）　92
連邦預金保険公社（FDIC）　58, 59, 179, 182
労働生産性　74, 90, 105, 132, 158, 160, 161, 163
ロビンソン・パットナム法（価格差別撤廃法）
　　129
炉辺談話　58
ローレンツ曲線　164, 165

ワ行

ワグナー法　25
WASP（ワスプ）　10

人名索引

ア行

アイゼンハワー　76, 87, 88, 89, 90, 100, 102, 114, 132, 168
アグニュー　124
アレン　32
ウィルソン　29, 30, 31, 33, 37, 42, 44
ウォーレス　114
オバマ　160, 184, 185

カ行

カーター　125, 126, 129, 131, 132, 134, 137
カーネギー　10
ガルブレイス　96, 109
キッシンジャー　10
クーリッジ　43, 44, 45
グリーンスパン　152, 176, 177
クリントン　127, 134, 149, 150, 151, 152, 153, 154, 165, 184
ケインズ　56
ケネディ　88, 90, 102, 103, 104, 105, 106, 107, 108, 110, 113, 114, 130, 132, 153
　——, F.　114

ゴア　174
ゴールドウォーター　104
ゴンパース　10

サ行

サムナー　23
ジェファソン　19, 65, 157
ジャクソン大統領　22
ジョンソン　25, 104, 107, 108, 109, 112, 113, 120, 132
スティグラー　130
スミス　44
ソールニャー　88
ソロー　22

タ行

ディロン　15
トルーマン　75, 81, 82, 83, 88, 132

ナ行

ナポレオン　4
ニクソン　10, 102, 103, 113, 114, 115, 116, 117, 118, 120, 124, 132, 149
ネーダー　113, 131

ハ行

ハーディング　35, 43, 44, 45, 46
バートン　39
バーンズ　70, 88
ハンセン　76
バンダビルド　39
ハンフリー　114
ピューリッツアー　10
フーバー　44, 45, 47, 49, 50, 60, 61, 62, 68, 80, 126
フォード　37, 118, 124, 125, 126, 127, 128, 129, 132, 135
ブッシュ　133, 148, 149, 151, 160, 175, 181, 184
ブッシュ・ジュニア　174
フランクリン　21, 22, 23
ベーカー　144
ペロー　149

マ行

マクガヴァン　117
マケイン　175, 184
マーシャル　82
メロン　45

ラ行

ラッファー　135, 136
リンドン・ジョンソン　102

ルーズベルト　49, 50, 51, 56, 58, 59, 61, 62, 65, 69, 75, 79, 88, 104, 132, 153
レーガン　110, 127, 131, 132, 133, 134, 137, 138, 139, 141, 142, 143, 144, 145, 147, 148, 151, 153, 154
ロックフェラー　129

著者略歴

榊原 胖夫（さかきばら やすお）　同志社大学名誉教授
1929 年　愛知県生まれ
1954 年　同志社大学大学院経済学研究科修了（修士）
1956 年　アメリカ・アーモスト大学大学院（M.A.）
同志社大学経済学部教授などを経て現職
主要著作　『交通の経済理論』大明堂，1967，『総合研究アメリカ⑤経済生活』（編著）研究社，1976。『嵐のなかの世界経済』（共編著）有斐閣，1981，『原典アメリカ史第6巻，第7巻』（共編著）岩波書店，1981，82，『インターモーダリズム』（共著）勁草書房，1999，『アメリカ研究…社会科学的接近』萌書房，2001，『アーモストからの手紙』お茶の水書房，2002，『航空の経済学』（共編著）ミネルヴァ書房，2006。

加藤 一誠（かとう かずせい）　日本大学経済学部教授
1964 年　京都府生まれ
1992 年　同志社大学大学院経済学研究科経済政策専攻（博士課程後期）退学
2002 年　博士（経済学）（同志社大学）
関西外語大学外国語学部助教授などを経て現職
主要著作　『インターモーダリズム』（共著）勁草書房，1999，『アメリカにおける道路整備と地域開発―アパラチアの事例から』古今書院，2002，『交通の産業連関分析』（共著）日本評論社，2006，『航空の経済学』（共編著）ミネルヴァ書房，2006。

アメリカ経済の歩み

2011 年 5 月 15 日　第 1 版第 1 刷発行　　　　　　　　　　検印省略

著　者　　榊　原　胖　夫
　　　　　加　藤　一　誠

発行者　　前　野　　弘

発行所　　東京都新宿区早稲田鶴巻町 533
　　　　　株式会社 文　眞　堂
　　　　　電話　03（3202）8480
　　　　　FAX　03（3203）2638
　　　　　http://www.bunshin-do.co.jp
　　　　　郵便番号（162-0041）振替00120-2-96437

印刷・モリモト印刷　製本・イマヰ製本所
© 2011
定価はカバー裏に表示してあります
ISBN978-4-8309-4704-9　C3033